A Study on the Chinese
Construction of "X-le"

现代汉语"X了"构式研究

张宏国 ◎ 著

复旦大学出版社

序　　言

宏国的这部专著是在他的博士论文《现代汉语"X了"双音非词结构语法化及话语标记功能研究》的基础上完成的。看到宏国的新作即将面世，作为导师，欣喜之余也有很多的感慨。

宏国说自己是土生土长的安大人，1995年入安徽大学外语系学习，本科毕业后留校任英语教师至今，其间，他在安大外语学院攻读并获得外国语言学及应用语言学硕士学位，2012年到安大文学院读博，2016年获得文学博士学位。虽说宏国留校时我已在安大文学院任教多年，但第一次见到他还是在2012年5月的博士生面试现场，当时宏国给我的总体印象是质朴沉稳，思路很清晰。

宏国硕士阶段研究的是语用学，博士研究方向为第二语言教学。宏国读博前对白谎(white lies,善意的谎言)研究颇有兴趣，所以最初考虑博士论文选题时曾有过围绕白谎语用策略在第二语言教学中的应用开展研究的想法。读博期间，宏国曾获得去美国德克萨斯理工大学访学的机会，研修方向就确定为二语教学法和教学语用策略。

但随着汉语专业学习的深入，宏国表现出对汉语言本体研究越来越浓厚的兴趣。记得他入学后的第二个月(2012年10月)，我应邀参加由山东大学主办的词汇学国际学术会议暨第九届全国汉语词汇学学术研讨会,同时带上了3个在读的博士生张成进、原媛和宏国。成进论文已开题,正在撰写毕业论文《现代汉语双音介词的词汇化与语法化研究》,同行过程中常有些研讨,宏国也表现出很大的兴趣,积极参与讨论。第一个学期末,他提交的学位课程现代汉语词汇专题的作业就围绕着汉语词汇语素化问题进行了思考。2013年10月,宏国参加了在黄山学院举行的中韩语言文学研究暨安徽省第五届汉语国际教育学术研讨会,在小组会上宣读了论文《"够了"的语义演变与语法化》,并最终被《语言教学与研究》刊发。他在此前后发表的还有另两篇相关论文。这些研究成果让宏国更加自信,坚定了他深耕汉语本体的决心,并最终确定了自己的博士论文选题。

宏国是英语专业出身,转向汉语本体研究,有同学调侃他实现了一次华丽的转身。我以为,正是由于在英语学习和研究方面所具有的良好积累,使他得以从更开阔的视角观察并分析汉语现象,从而有可能给他的研究带来不完全相同的体验和认知。宏国在美国访学期间给我的邮件中曾谈到:"词汇化和语法化现象早在古代中国就有人触及过,但并未理论化和体系化。西方语言学家将这些现象进行理论提升,成为近十几年的语言学研究热点。但很多西方语言学的理论是建立在西方相关语言体系的基础上。从类型学角度来看,以具有独特特征的汉语言为研究基础,一些个案研究,乃至系统研究,会对语言学理论加以补充或者修正,从而更加接近语言事实。"

宏国选取的研究个案是"够了""糟了"和"坏了"等,这属于现代汉语"X了"中尚未词汇化的双音非词构式。他借助语法化、话语标记和构式理论等,对这类双音非词构式的语法化路径及其话语标记功能进行了揭示和分析,在一定程度上深化了学界对现代汉语"X了"构式的认识。比如关于"X了"的话语标记来源,学界一般认为是"X了"先经历了词汇化过程,再语法化为话语标记,但本书的考察却发现,有些"X了"构式并没有词汇化,可以直接语法化为话语标记。再如"X了"的话语标记功能,以往研究主要是在礼貌原则的大框架下进行,本书则尝试将话语标记"够了"置于不礼貌框架下开展讨论,同时还揭示了"糟了"和"坏了"的反预期及转折语篇功能。此外,本书对翻译作品带来的语言间接接触会对"X了"构式的语法化进程有推动作用的研究,也在一定程度上弥补了以往研究的不足。

本书的研究对于汉语词典编纂和国际汉语词汇教学也有参考价值。"X了"构式在现代汉语中使用频率很高,对"X了"构式的考察与梳理可以为相关工具书的编纂提供收录或剔除的依据,同时也有利于在国际汉语词汇教学中对此类构式的释疑解惑与整体处理。

宏国进行的这一语言现象的研究,还有进一步开拓与深化的空间。比如在论文写作过程中,宏国曾考虑从汉英对比的角度,描写"X了"话语标记的汉英翻译实践,总结在关联理论指导下的"X了"翻译原则和策略,但目前的研究还有一定缺失或曰力度还不够。另外,"X了"构式本体研究的成果如何指导汉语作为第二语言的教学,也是颇值得深入开拓的领域。

宏国做学问有股实实在在的狠劲和韧劲,似乎总也没有停下来的时候,发来的很多文章都显示为凌晨发送,而且一旦关注某个问题，大有"咬定青山不放松"的精神。这种狠劲和韧劲，不仅让他在治学的路上一步一个脚印地扎实前行，而且也让我对他的未来有了更多的期待。

写序之时，正值全国上下抗击新冠肺炎疫情的关键时刻，"宅家"本是我一直喜爱的生存状态，当下却成了自我防护、为国分忧之举。学校延期开学的通知已下发，但我深信重返生机蓬勃的校园的日子一定不会离我们太远。

杨晓黎

2020年2月12日

内容提要

话语标记理论和语法化理论对于我们深刻理解现代汉语语言现象和揭示汉语语言演变规律有着重要的理论指导意义,对于现代汉语"X了"构式的形成有着强大的解释力。

在现代汉语共时平面,"X了"构式是一个具有显著的语音、语义、语法、语用和语体特征的聚合体。其中,"X了"双音词汇构式的语法化与话语标记功能研究已取得丰硕的研究成果,但"X了"双音非词构式研究没有引起学界足够的重视,呈现出研究的不平衡性。

就"X了"话语标记来源而言,以往研究一般认为,"X了"先经历了词汇化过程,再语法化为话语标记。但是笔者通过考察发现,有些"X了"构式并没有词汇化,却可以直接语法化为话语标记。从"X了"话语标记功能来看,以往多数研究主要围绕"X了"话语标记在交际过程中如何表现出较高的交互主观性而展开,以增进人际关系,并促进交际的顺利进行。这些研究总体上将"X了"话语标记置于礼貌框架下展开讨论,却忽视了"X了"话语标记的不礼貌功能。此外,"X了"话语标记,如"糟了"和"坏了",具有反预期功能、幽默功能和转折语篇功能,这些也没有引起学者们足够的重视。

本书借助语法化理论和话语标记理论,对现代汉语"X了"双音构式,尤其是其中的非词类构式的历时演变过程及其话语标记功能进行深入分析,为现代汉语"X了"构式的研究体系作理论上的完善和材料上的补充,以期加深学界对现代汉语"X了"构式的认识和研究。

全书共分8章。

第一章为绪论部分,主要介绍本研究的选题来源、研究对象、研究目的和研究意义,概括"X了"研究状况,回顾国内外语法化理论和话语标记理论研究的历史与现状,指明本书所采用的研究方法、研究思路和语料来源。

第二章对现代汉语"X了"双音构式展开共时分析。在简要回顾构式理论的基础上,着重分析现代汉语"X了"构式的结构类型和音节特征,并对"X了"双音构式中的词汇、双音话语标记、双音唯补词展开描写。本章的共时层面分析为后文的现代汉语"X了"双音非词构式的语法化及话语标记功能研究作了铺垫。

第三章考察"够了"构式的语法化过程与话语标记形式。"够了"的语义有3种:表满足之意的"够了$_1$",表极限程度之意的"够了$_2$",以及表否定态度之意的"够了$_3$"。"够了"从肯定义到否定义的转变与语用推理有关。"够了"的语法化直接源头是"动词'够'+体标记'了'"。话语标记"够了"具有可识别性,出现在话轮的不同位置,标记着话轮的开始、转换或结束。

第四章考察"糟了"构式的语法化过程与话语标记形式。"糟了$_1$"是动词性短语,本义为用酒糟腌制,后引申为糟蹋。"糟了$_2$"具有形容词性属性,表示糟糕,其主观性增强。从"糟了$_1$"到"糟了$_2$"的语法属性变化是话题化与反宾为主句作用的结果。用作话语标记后,"糟了$_3$"多出现在句首,表明说话人感到十分意外或恍然大悟,表达醒悟之意。话语标记"糟了$_3$"不仅出现在对话语体中,对话轮起到组织作用,还经常出现在独白语体中,是元语用评价语,表达说话人的态度。

第五章考察"坏了"构式的语法化过程与话语标记形式。"坏了$_1$"最初表示倒塌、崩溃,用作谓语和结果补语,动词性特征显著,属于行域范畴。动补结构"V坏(了)"由并列结构和连动结构"V坏(了)"演变而来。"坏了$_2$"用作动词或者形容词的程度补语,主观性增强,属于知域范畴。"坏了$_3$"用作话语标记,能够直接实施言语行为或者对言语行为起到强化作用,属于言域范畴。独白语体中的话语标记"坏了"具有较强的主观性。

第六章总结了"X了"双音构式的语法化规律。首先,"X了"双音构式的语法化动因包括句法位置、经济原则、频率原则、双音化作用,以及外国文学作品翻译引起的语言间接接触影响。其次,"X了"双音构式的语法化机制包括认知隐喻和重新分析。再次,"X了"双音构式的话语标记用法是语法化结果。"够了""糟了"和"坏了"之所以没有发生词汇化,原因不在于其句法环境,而在于"X了"所表达的意义和语气,以及动词或形容词"X"所表达的本义。最后,"X了"双音构式经历语法化的同时,也经历了主观化过程。

第七章归纳了"X了"双音构式用作话语标记的人际功能与语篇功能。"够了"构建"刺激—反应"语篇,伴随有特定的非言语符号,这些符号起到了加强或减弱"够了"的不礼貌功能,凸显"够了"

的批评指责、警告劝诫、讽刺挖苦等语用功能。"糟了"和"坏了"通常情况下可以互换,可以构建转折语篇,起到反预期功能。同时,语料显示"坏了"还具有幽默功能。

第八章为结语部分,总结了本研究的发现成果,指出本研究的不足,并对更进一步的研究进行展望,提出建议。

目　录

第一章　绪论 ……………………………………………… 001
1.1 选题来源与研究对象 ……………………………… 001
　　1.1.1 选题来源 …………………………………… 001
　　1.1.2 研究对象 …………………………………… 001
1.2 研究目的与研究意义 ……………………………… 002
　　1.2.1 研究目的 …………………………………… 002
　　1.2.2 研究意义 …………………………………… 003
1.3 "X了"研究状况 …………………………………… 005
　　1.3.1 "X了"描写阶段 …………………………… 005
　　1.3.2 "X了"解释阶段 …………………………… 008
　　　　1.3.2.1 "X了"综合研究 ………………… 008
　　　　1.3.2.2 "X了"个案研究 ………………… 010
1.4 理论背景 …………………………………………… 013
　　1.4.1 语法化理论 ………………………………… 013
　　　　1.4.1.1 语法化概念 ……………………… 014
　　　　1.4.1.2 语法化规律 ……………………… 019
　　　　1.4.1.3 语法化理论的应用 ……………… 022

1.4.2　话语标记理论 …………………………………… 022
　　　　1.4.2.1　国内外话语标记研究阶段 …………………… 023
　　　　1.4.2.2　话语标记概念 ………………………………… 025
1.5　研究方法和研究思路 ………………………………………… 028
　　1.5.1　研究方法 ………………………………………… 028
　　1.5.2　研究思路 ………………………………………… 029
1.6　语料来源 ……………………………………………………… 029

第二章　现代汉语"X 了"双音构式的共时分析 …………… 030
2.1　"X 了"构式 …………………………………………………… 030
　　2.1.1　构式与"X 了"构式 ……………………………… 030
　　2.1.2　"X 了"构式的结构类型 ………………………… 034
　　2.1.3　"X 了"构式的音节分类 ………………………… 037
2.2　"X 了"双音词汇 ……………………………………………… 038
　　2.2.1　双音动词 …………………………………………… 038
　　2.2.2　双音介词 …………………………………………… 040
　　2.2.3　双音语气词 ………………………………………… 044
　　2.2.4　双音连词 …………………………………………… 052
2.3　"X 了"双音话语标记 ………………………………………… 053
2.4　"X 了"双音唯补词 …………………………………………… 057
2.5　小结 …………………………………………………………… 060

第三章　"够了"构式的语法化及话语标记形式 …………… 061
3.1　引言 …………………………………………………………… 061

3.2 "够"和"了"的语法化 ·· 063
　　3.2.1 "够"的语法化 ·· 063
　　3.2.2 "了"的语法化 ·· 066
3.3 "够了"的语法化 ·· 070
　　3.3.1 "够了"的语义演变 ·· 070
　　　　3.3.1.1 够了$_1$：表示满足 ······································ 070
　　　　3.3.1.2 够了$_2$：表示极限程度 ·································· 073
　　　　3.3.1.3 够了$_3$：表示否定态度 ·································· 075
　　3.3.2 "够了"从肯定含义到否定含义的演变与
　　　　　　语用推理 ·· 077
　　3.3.3 "够了"的语法化路径 ·· 080
3.4 "够了"的话语标记形式 ·· 081
　　3.4.1 对话语标记"够了"的识别 ·· 081
　　3.4.2 话语标记"够了"的话轮标记形式 ·································· 083
　　　　3.4.2.1 话轮起始标记 ·· 084
　　　　3.4.2.2 话轮转换标记 ·· 085
　　　　3.4.2.3 话轮结束标记 ·· 086
3.5 小结 ·· 087

第四章 "糟了"构式的语法化及话语标记形式 ······················· 089
4.1 引言 ·· 089
4.2 "糟"的演变 ·· 090
4.3 "糟了"的语法化 ·· 093
　　4.3.1 "糟了"的语义演变 ·· 094

    4.3.1.1 糟了$_1$：表示糟蹋 ································ 094
    4.3.1.2 糟了$_2$：表示糟糕 ································ 097
    4.3.1.3 糟了$_3$：表示醒悟 ································ 098
   4.3.2 "糟了"的语法属性与反宾为主句 ··············· 100
   4.3.3 "糟了"的语法化路径 ···························· 104
 4.4 "糟了"的话语标记形式 ································· 107
   4.4.1 对话语标记"糟了"的识别 ······················ 107
   4.4.2 话语标记"糟了"的语体特征 ··················· 110
    4.4.2.1 独白语体中的话语标记"糟了" ········· 110
    4.4.2.2 对话语体中的话语标记"糟了" ········· 112
 4.5 小结 ·· 114

第五章 "坏了"构式的语法化及话语标记形式 ··············· 115

 5.1 引言 ·· 115
 5.2 "坏"的演变 ·· 116
 5.3 "坏了"的语法化 ···································· 121
   5.3.1 "坏了"的语义演变 ······························ 121
    5.3.1.1 坏了$_1$：行域义 ······························ 121
    5.3.1.2 坏了$_2$：知域义 ······························ 124
    5.3.1.3 坏了$_3$：言域义 ······························ 125
   5.3.2 "V坏(了)"并列结构、连动结构与动补结构
    ·· 128
   5.3.3 "坏了"的语法化路径 ···························· 133
 5.4 "坏了"的话语标记形式 ································· 136

5.4.1　对话语标记"坏了"的识别 …………………… 136
　　　5.4.2　话语标记"坏了"的语体特征 ………………… 138
　　　　　5.4.2.1　独白语体中的话语标记"坏了" ………… 138
　　　　　5.4.2.2　对话语体中的话语标记"坏了" ………… 140
　5.5　小结 ……………………………………………………… 143

第六章　"X 了"双音构式的语法化规律 …………………… 144
　6.1　"X 了"双音构式的语法化动因 ………………………… 144
　　　6.1.1　句法位置 …………………………………… 145
　　　6.1.2　经济原则 …………………………………… 147
　　　6.1.3　使用频率 …………………………………… 150
　　　6.1.4　双音化 ……………………………………… 153
　　　6.1.5　语言接触 …………………………………… 155
　6.2　"X 了"双音构式的语法化机制 ………………………… 158
　　　6.2.1　认知隐喻 …………………………………… 158
　　　6.2.2　重新分析 …………………………………… 160
　6.3　"X 了"双音构式的语法化路径与"X 了"双音话语
　　　标记来源 ……………………………………………… 164
　　　6.3.1　"X 了"双音构式的语法化路径 …………… 164
　　　6.3.2　"够了""糟了"和"坏了"未词汇化的解释 …… 167
　　　6.3.3　"X 了"双音话语标记来源 ………………… 171
　6.4　"X 了"双音构式的主观化 ……………………………… 174
　　　6.4.1　共时视角下的"X 了"双音构式的主观化：
　　　　　　以"够了"为例 ……………………………… 175

　　　　6.4.1.1　谓语后移 …………………………………… 176
　　　　6.4.1.2　补语位置 …………………………………… 178
　　　　6.4.1.3　句首位置 …………………………………… 179
　　6.4.2　历时视角下的"X了"双音构式的主观化：
　　　　　　以"糟了"为例 ………………………………… 180
　　　　6.4.2.1　从命题功能到言谈功能 …………………… 180
　　　　6.4.2.2　从客观意义到主观意义 …………………… 182
　　　　6.4.2.3　从句子主语到言者主语 …………………… 183
　　　　6.4.2.4　从自由形式到黏着形式 …………………… 184
6.5　小结 ……………………………………………………… 185

第七章　"X了"双音话语标记的人际功能与语篇功能 …… 186
7.1　话语标记功能 …………………………………………… 186
7.2　"X了"双音话语标记的人际功能 ……………………… 188
　　7.2.1　"X了"话语标记的不礼貌功能 ………………… 188
　　　　7.2.1.1　不礼貌理论 ………………………………… 188
　　　　7.2.1.2　"够了"的不礼貌功能 …………………… 190
　　　　7.2.1.3　"够了"的非言语伴随符号 ……………… 193
　　7.2.2　"X了"话语标记的反预期功能 ………………… 195
　　　　7.2.2.1　反预期标记 ………………………………… 195
　　　　7.2.2.2　"糟了"与"坏了"的反预期功能 ……… 195
　　　　7.2.2.3　"坏了"的幽默功能 ……………………… 201
7.3　"X了"双音话语标记的语篇功能 ……………………… 205
　　7.3.1　"够了"的"刺激—反应"语篇 ………………… 206

  7.3.2 "糟了"与"坏了"的转折语篇 …………… 211
    7.3.2.1 狭义转折与广义转折 …………… 211
    7.3.2.2 "糟了"与"坏了"的转折标记 ………… 213
    7.3.2.3 "糟了"与"坏了"的转折语篇模式 …… 216
    7.3.2.4 "糟了"与"坏了"的语篇转折关系 …… 221
  7.4 小结 …………………………………………… 227

第八章 结语 …………………………………………… 228
 8.1 研究发现 …………………………………… 228
 8.2 研究不足 …………………………………… 230
 8.3 研究展望 …………………………………… 231

参考文献 ……………………………………………… 233

后记 …………………………………………………… 252

第一章 绪 论

1.1 选题来源与研究对象

1.1.1 选题来源

本书选题基于两点考虑。第一,从宏观层面看,近年来,国内外构式理论、话语标记理论和语法化理论研究方兴未艾,一直是研究的热门话题。这些理论对于我们深刻理解汉语构式和话语标记语言现象并揭示汉语言演变规律有着重要的理论指导意义。第二,从微观层面看,目前的"X了"构式研究主要以一些已经被收入词典的或已被明确为词的"行了、好了、算了、罢了、得了、完了"等双音构式为研究对象,而对于那些已经语法化或者正在语法化的,但尚未或并未词汇化的"X了"双音构式,如"够了、糟了、坏了"等,没有给予足够的重视,既没有揭示这些"X了"非词类构式的语法化历程与机制,也没有仔细描写和分析这些"X了"非词类构式的话语标记功能。因而,现代汉语"X了"构式的研究在总体上呈现出不平衡性。

1.1.2 研究对象

本书的研究对象是现代汉语"X了(le)"中尚未或并未词汇化

的双音构式①。"X了"构式在现代汉语共时平面使用频繁,是一个具有显著的语音、语义、语法、语用和语体特征的聚合体。从音节来看,"X了"构式以双音节和三音节形式为主;从词汇化标准②来看,"X了"构式包括词汇构式和非词构式。现代汉语"X了"双音非词构式是指尚未或并未词汇化的"X了"双音节构式。

本书选取的"X了"双音非词构式的研究个案是"够了""糟了"和"坏了"。

1.2 研究目的与研究意义

1.2.1 研究目的

本研究的总体目标是在纵横视阈下,对现代汉语"X了"双音非词构式的历时演变过程及其话语标记功能进行揭示和分析,为现代汉语"X了"构式的研究体系作理论上的完善和材料上的补充,从而加深学界对现代汉语"X了"构式的认识和研究。

本研究的具体目标包括:

第一,对现代汉语"X了"构式作共时层面的分析。基于构式的界定和特征,从语法功能、语义特征和结构类型等方面对现代汉语"X了"的共时用法作较为细致的梳理,为"X了"双音非词构式的研究作好铺垫。

---

① 关于"构式"的界定参见第二章。
② 董秀芳(2002:35)认为,"词汇化,即短语等非词单位逐渐凝固或变得紧凑而形成单词的过程"。

第二,在语法化理论的指导下,对"够了""糟了"和"坏了"的具体的语法化路径和语法化动因及机制进行揭示和分析,总结现代汉语"X 了"双音构式的语法化规律,从而为学界有关"话语标记是典型的语法化现象"[①]这一论断提供新材料的支持。

第三,在话语标记理论的指导下,对"够了""糟了"和"坏了"的话语标记功能进行描写与分析,归纳现代汉语"X 了"双音构式用作话语标记时所具有的不礼貌语用功能、反预期功能、幽默功能和转折语篇功能,从而在理论上丰富"X 了"构式话语标记的功能分类。

总之,本研究旨在对现代汉语"X 了"双音构式的话语标记功能,以及语法化路径、动因、机制和语义演变过程进行全面考察和梳理,为现代汉语"X 了"双音构式建立一个比较完整的理论体系,进而促进学界对整个现代汉语"X 了"构式全貌的了解,并对汉语研究,尤其是汉语构式的语法化研究和话语标记研究起一定的推动作用。

1.2.2 研究意义

本研究具有一定的理论意义和现实意义。

第一,本研究对构式理论、语法化理论和话语标记理论研究有一定的贡献。首先,在现代汉语共时平面,"X 了"构式是一个使用频率非常高的语言结构。在"X 了"构式话语标记来源问题上,董秀芳(2006)指出:"动词+体标记'了'"可词汇化为话语标记,如

[①] 吴福祥.汉语语法化研究的当前课题[J].语言科学,2005(2):26.

"行了、算了"等是由"动词+体标记'了'"词汇化而成的话语标记。① 李思旭(2012)也认为,一些"X了"构式经历了从短语到词再到话语标记的演化过程,如"完了"。李宗江(2010)对话语标记的词汇化来源提出了质疑,认为话语标记的来源即使是词汇化问题,也和一般的词汇化不同,其语形或者具体使用形式存在着多种变体,因此不能按照一般或者通常的词汇化标准来要求它,也不能期待它们会完全词汇化。这些观点表明"X了"话语标记的来源与词汇化之间存在密切的联系,但这些学者所关注的基本上都是"X了"词汇构式的话语标记来源问题。而语言事实表明,在现代汉语中,有些"X了"构式尚未词汇化,并没有经历词汇化阶段,却可以用作话语标记。本研究将现代汉语共时平面中的"X了"构式进行分类,发现有些"X了"话语标记只是语法化作用的结果,这一发现进一步佐证了"话语标记是典型的语法化现象"的论断。

其次,在"X了"话语标记功能研究上,随着更多"X了"构式个案研究的展开,"X了"构式的话语标记功能被进一步细化。学界基本上是在礼貌原则的大框架下,对"X了"话语标记功能作出分析。李慧敏(2012)认为,"好了"具有较强的交互主观性,说话人总是为听话人着想,从听话人的感受出发,对听话人的关注度很高;"行了"的交互主观性稍弱,说话人对听话人的关注不够多,但也有一定的关心或关照。而笔者则尝试将话语标记"够了"置于不礼貌框架下展开研究。此外,"糟了"和"坏了"的反预期功能和转折语

---

① 董秀芳.词汇化与语法化的联系与区别:以汉语史中的一些词汇化为例[A].21世纪的中国语言学(二)》[C].北京:商务印书馆,2006:19.

篇功能都是以往研究所没有注意到的。

第二,本研究对于相关词汇的词典编撰、教学,尤其是对对外汉语教学和翻译教学有一定的现实意义。首先,通过对"X了"构式演变过程的具体考察,我们可以明确哪些结构已经词汇化,哪些尚未词汇化,哪些构式虽没有词汇化,但已语法化,具有构式特征,从而为相关工具书的编撰提供依据。例如,《汉语新虚词》(2011)中的"语篇关联语""情态词"和"唯补词"的收录标准就是基于构式、词汇化和语法化理论。其次,话语标记研究有助于我们对"X了"构式的识别。"X了"构式用作话语标记的意义具有不可预测性,有助于我们采取整体处理的教学原则。话语标记"X了"对话语理解起到程序性意义,具有特定的语用功能,对这些功能的识别是我们进行翻译处理的前提。

1.3 "X了"研究状况

从现代汉语共时平面来看,在"X了"构式中,单音节"X"主要为动词和形容词,与助词"了"共现,表现为双音结构,出现频率很高,用法多样。这一语言现象引起了学界广泛的研究兴趣。笔者将"X了"研究大致分为21世纪之前的描写和新世纪的解释两个阶段。

1.3.1 "X了"描写阶段

在上个世纪,关于"X了"的研究主要着眼于"了"的历时演变过程描写,以及一些论著和词典对"X了"作为虚词的语义和用法描写。

首先，从共时角度来看，虚词"了(le)"包括"了$_1$"和"了$_2$"两种用法。《现代汉语虚词例释》(1982)指出"了$_1$"是时态助词，表示动作的完成或者性质的变化；"了$_2$"是句末语气词，表明一种变化，带有一种肯定、确定的语气。助词"了$_1$"与语气词"了$_2$"具有不同的句法位置、语法功能和语义特点。①

其次，从历时角度来看，学界普遍认为助词"了"由表示完成、了结的动词"了(liǎo)"语法化而来。王力(1958)和梅祖麟(1981)认为动态助词"了"出现于唐代。太田辰夫(1987)则进一步指出，"了"跟在动词后面的例子始现于唐代，但那时的"了"和动词结合得还不太紧密。② 木霁弘(1986)和吴福祥(1998)则认为动态助词"了"出现的确切年代应该为宋代。

这个时期的论著和词典，尤其是虚词词典，已经注意到并收集了"X 了"结构所出现的一些词汇现象。这些词典基本上都采用了用法描述和简单举例的编写体例，只是各家词典所收录的"X 了"词汇数量不同，总体情况是随着时间的推移，收入词典的"X 了"的成词结构数量呈上升趋势。《现代汉语词典》(1978)、吕叔湘主编的《现代汉语八百词》(1980)、景士俊的《现代汉语虚词》(1980)和华南师范学院中文系编写的《现代汉语虚词》(1981)收录了"罢了"一词，认为"罢了"是助词，用在陈述句末尾，表示只是如此而已、仅此而已之意，常和"只是、不过"等词连用。王自强的《现代汉语虚

---

① 北京大学中文系 1955、1957 级语言班.现代汉语虚词例释[M].北京:商务印书馆，1982:311—314.
② 太田辰夫.中国语历史文法[M].蒋绍愚，徐昌华，译.北京:北京大学出版社，1987:210.

词用法小词典》(1984)也只收录了"罢了"一词,但其《现代汉语虚词词典》(1998)增加了"好了"一词,认为"好了"是个助词,用在句尾,表示不介意、不在乎、无所谓,带有让人放心的语气,多用于口语。李忆民主编的《现代汉语常用词用法词典》(1995)讨论了"罢了"和"算了",其中"算了"被看作动词,意为"不再计较;作罢;认可"。侯学超主编的《现代汉语虚词词典》(1998)认为"罢了"是个语气词。此外,他还收入了"便了"一词。但在该词中,构词语素"了"发音"liǎo",用于句尾,多见于早期白话文,表示肯定、应允的语气,相当于"就是了"。①

在21世纪以前,单篇论文涉及"X了"用法研究的只有孟琮(1986)的文章。在《口语里的"得"和"得了"》一文中,孟琮指出"得"和"得了"在口语中具有叹词作用,"得"常用在表示不企望的语气中,而"得了"常用在否定语气中。在文中,孟琮还指出,口语中的"得"和"得了"可以单独成句,其中"得"由表示完成的动词"得"演变而来。

综上,这一阶段的"X了"研究以描写其语义和语法功能为主。在零星的论述中,学者们注意到了"X了"构式中的"X"和"了"的虚化现象。但由于历史的局限,这些有限的研究还未能利用语言学理论,尤其是构式、语法化、词汇化、话语标记理论等对"X了"构式进行深入的理论阐释。此外,在"X了"构式被录入词典的过程中,学界对其词汇界定缺乏统一的标准,且各词典对相关词汇的收录还较为谨慎。

---

① 侯学超.现代汉语虚词词典[M].北京:北京大学出版社,1998:38.

1.3.2 "X了"解释阶段

在20世纪末21世纪初,随着语言学理论的蓬勃发展,尤其是在语法化、词汇化和话语标记理论被引介到中国之后,有关"X了"的研究更加深入。目前,对"X了"的研究主要围绕语法化、词汇化和话语标记功能这3个方面展开。其中"X了"的个案主要包括"好了、算了、得了、完了、罢了、行了"等。

1.3.2.1 "X了"综合研究

文献检索结果显示,只有几本专著里的个别章节和几篇硕士论文以多个"X了"个案为研究对象,综合探讨"X了"的动态虚化过程与机制,以及话语标记功能。

一是使用词汇化和语法化理论对"X了"的虚化过程及机制进行描写和解释。对"X了"的演化研究作出显著贡献的是董秀芳,尤其是其对"X了"的词汇化现象作了一系列研究。董秀芳在其博士论文基础上撰写的专著《词汇化:汉语双音词的衍生和发展》(2002)中专门讨论了"从句法结构到双音词"。例如,她认为,"取"是自唐宋以来表示动词体的语法标记之一,它可以表示动词的完成体或持续体,"取"与动词性成分组成的结构有一些变成了词。后来"取"的体标记用法被淘汰,其完成体功能由体标记"了"实现,持续体功能由"着"表示。① 而后,她在《论"X着"的词汇化》(2003)一文中指出,"X了"和"X着"类似,体标记"了"和"着",都

---

① 董秀芳.词汇化:汉语双音词的衍生和发展[M].成都:四川民族出版社,2002:224—226.

可以词汇化为构词成分。所以,"对了""好了""算了"都应被看作词汇。在另一部专著《汉语的词库与词法》(2004)中,董秀芳提及"为了、对了、得了、好了、罢了、算了、行了、掰了"等,认为这些结构都应该作为词而被收入《现代汉语词典》。

彭伶楠(2006)也重点研究了"X了"的词汇化现象,指出"X了"的词汇化动因包括语言的经济原则、语义的虚化与主观化、语义重心前移和双音化等,词汇化机制有相邻句位、重新分析和分界消失、推理与语境吸收等。方环海、刘继磊和赵鸣(2007)则以"完了"为个案研究,探讨了"X了"的虚化问题。他们认为,"完了"具有篇章连接功能,这种关联副词的用法由表示结束的"完了"虚化而来。高亚男(2009)以"得了、算了、除了、为了"为例,探讨了"X了"的词汇化过程。解亚娜(2013)则以"好了、行了、算了、得了、罢了"为例,分析了"X了"组合的虚化过程,并从语法化角度对"X了"的虚化作出整体的解释。

二是使用话语标记理论对"X了"的语用功能进行静态描写。孙晨阳(2012)认为,"X了"话语标记具有语篇功能、元语用意识功能和人际交往功能。刘丽涛(2013)和徐怡潇(2014)讨论了口语交际中话语标记"X了"的使用特点和语用功能。何文彬(2013)认为,"X了"在句段或对话中起到顺接、逆接和阻断等意义关联作用,并且"X了"的使用也使得句子的主观性显著表现出来,表现为对其后句子重要性的强调,或对其前句子内容的不耐烦情绪。袁钦钦(2014)以"是了"和"对了"为例,考察了"X了"话语标记的语篇组织功能、语篇顺应功能和人际互动功能。孙莉、陈彦坤(2015)从言语行为的角度出发,认为"得了、算了、行了、好了"等在交际中主要实施劝阻、否定和让步这 3 类言语行为，在交际中具有逆向应对功能。

此外，王巍(2010)从对外汉语教学视角出发，对"算了、得了、行了、好了、罢了"的语义、语法和语用进行了对比研究，认为这 3 个平面的分析有助于留学生正确区别和准确掌握这些词的用法。

1.3.2.2 "X 了"个案研究

"X 了"的个案研究集中在单篇论文对某个个案的语法化、词汇化、话语标记功能分析，这些个案主要包括"罢了、算了、完了、得了、好了、行了"等。

"罢了"是最早被收入词典的"X 了"构式。冯春田(2000)对比了"罢了"和"罢"的语义和语气。方绪军(2006)和刘宁(2010)对比了语气词"罢了"和"而已"的用法。李艳(2010)、刘志远和刘顺(2012)，以及刘晓晴和邵敬敏(2012)分别从词汇化和语法化的角度详细分析了"罢了"在句法、语义等方面的演变轨迹。卢玉波(2007)和程茹雪(2014)则分别考察了"罢了"在《西游记》和《歧路灯》中的使用情况。史冠新(2006)指出，在山东临淄方言语气词系统中，"罢了"具有转折用法。①

与"算了"相关的研究主要从历时视角展开。刘红妮(2007，2009)以"算了"为例，探讨了非句法结构的语法化过程。刘顺和殷相印(2010)指出，"算了"存在 3 种形式，其语义和功能各不相同。罗宇(2014)侧重分析了"算了"的词汇化现象，认为经济原则致使

---

① 史冠新.临淄方言语气词研究[D].山东大学博士学位论文,2006:91—95.

"算了"由谓语发展为话语标记"算了"和语气词。此外,李小军(2015)认为,语气词"算了"具有"无可奈何"和"随意、轻描淡写"这两种语气功能。刘云峰(2013)从语篇功能和教学视角出发,认为"算了"在语篇中主要起衔接作用,在语言教学过程中应根据功能原则、循序渐进原则和易化原则来进行教学。

对"完了"的研究主要是从词汇化、语法化和话语标记等角度展开的。学界对"完了"的词性及来源有很大的争议。首先,学者们对"完了"的词性有不同见解。李宗江(2004)认为"完了"是时间副词。方环海和刘继磊(2005)及方环海、刘继磊和赵鸣(2007)认为,"完了"是关联副词,具有篇章连接功能。其次,学者们对"完了"的来源也有不同意见。高增霞(2004)指出,"完了"从动词性短语演变为连词,再演变为话语标记。殷树林(2011)和李思旭(2012)持有不同观点:前者认为,在动补结构"V完了"中,动词"V"省略,"完"和"了"是经过重新分析而形成的;而后者则认为,"V+完了"结构式中的动词"V"一开始是出现在句首位置的,但后来由于类推的作用,"完了"可以直接在句首起连接作用,动词"V"消失。

与"得了"相关的研究相对较少。魏艳伶(2012)运用话语标记理论解读"得了"和"得"的语用功能,从而在理论上对孟琮(1986)的研究作了补充。李小军(2009)认为,"得了"作为语气词,具有表弱建议和表随意两种用法。管志斌(2012)从历时角度探讨了"得了"的词汇化与语法化现象。

对"好了"的研究是在"好"的语法化研究基础上展开的。武振玉(2004)、邵敬敏和朱晓亚(2005)、李晋霞(2005)、张定和丁海燕

(2009)分别研究了"好"的演化路径和虚化程度。余芳(2008)则分析了"好"的语义演变情况。温振兴(2009)对程度副词"好"及其相关句式进行了历史考察。彭伶楠(2005)指出,"好了"的虚化与语用推理相关。孙瑞霞(2008)认为,动词的省略和词汇化是"好了"虚化为话语标记的两种可能的途径。韩静(2008)对语气词"好了"的语义与语用进行了分析。张龙(2012)对"好了"的词汇化和语法化进行了全面论证。李小军(2009)认为,"好了"可以拉近交际双方的距离,从而表现出较强的交互主观性。于春(2013)论述了与"好了"相关的话语标记"好吧"和"好",并分析阐述了"好了""好吧"和"好"的句法分布情况及其功能。

有关"行了"的研究并不多见。吴慧(2012)指出语气词"行了"源于完成动词"行"与"了"的组合,其话语功能分为两种,一表无所谓、不在乎,一表厌烦、制止。文章认为,"行了"的两类功能看似矛盾对立,实际上皆由是否符合"达界"要求衍生而来,演变环境决定了其话语功能的形成。张璐璐(2013)则从句法结构、语义类型、语用功能和历时演化这几个方面对"行了"进行了多角度研究。

通过文献综述,我们可以看出,不管相关研究是冠以"X了"统称,还是以某个"X了"具体个案形式为题,基本上都是以已经被权威词典如《现代汉语词典》(2012)收录为词的"算了、得了、罢了、完了"等为研究对象,揭示"X了"的虚化过程、动因与机制,并对比这些"X了"构式用作话语标记功能的异同。从深度和广度来看,这些"X了"成词构式的相关研究已经相当深入和全面。但是,上述研究基本上都忽略了"X了"构式中的一些非词结构,如对"够了""糟了"和"坏了"等结构的研究。虽然孙晨阳(2012)的研究对"X

了"的个案收录较为全面,全文探讨的"X了"结构数量有11个之多,包括"罢了、行了、对了、算了、得了、好了、完了、够了、糟了、坏了、惨了",但该文只是简单描述这些"X了"构式的话语标记功能,并没有细致地展开各个话语标记的语用功能。此外,该文也没有对这些"X了"构式的历时演化过程作出深入的研究。

1.4 理论背景

本研究基于历时和共时相结合的纵横视角,借助语法化理论,对现代汉语"X了"双音构式的语法化过程进行动态分析,并借助话语标记理论对"X了"双音构式的话语标记功能进行静态描写。所以,下文将分别对语法化理论和话语标记理论作简要回顾。

1.4.1 语法化理论

语法化是语言演变的重要途径之一,是国内外语言学界关注的热点问题。近年来,无论是与语法化相关的理论研究还是语法化理论的应用研究,都取得了丰硕的研究成果。国内外的代表性研究有耶日·库里洛维奇(Jerzy Kurylowicz)(1965),泰尔米·吉翁(Talmy Givón)(1979),大卫·W.莱特福特(David W. Lightfoot)(1979),克里斯蒂安·莱曼(Christian Lehmann)(1982),贝恩德·海涅、乌尔丽克·克劳迪和弗里德里克·许内迈尔(Bernd Heine, Ulrike Claudi & Friederike Hünnemeyer)(1991),保罗·J.霍珀和伊丽莎白·克洛斯·特劳戈特(Paul J.

Hopper & Elizabeth Closs Traugott)(1993,2003),琼·拜比、里维尔·珀金斯和威廉·帕柳卡(Joan Bybee, Revere Perkins & William Pagliuca)(1994),贝恩德·海涅和塔尼亚·库特瓦(Bernd Heine & Tania Kuteva)(2002),劳雷尔·J. 布林顿和伊丽莎白·克洛斯·特劳戈特(Laurel J. Brinton & Elizabeth Closs Traugott)(2005),穆列尔·诺德(Muriel Norde)(2009),孙朝奋(1994),沈家煊(1994,1998,2001),文旭(1998),吴福祥(1998,2003,2004,2005,2006,2009),石毓智和李讷(1998),石毓智(2001,2011),牛保义和徐盛桓(2000),董秀芳(2002,2004,2006,2009),彭睿(2011),张秀松(2011,2015),陈昌来(2014,2015),刘辰诞(2015)等。

其中,语法化研究的标志性成果是霍珀和特劳戈特于1993年出版的《语法化》(*Grammaticalization*)。该书于2003年出版了修订本,总结了西方语法化研究概况,将西方语法化研究分为早期、中期(从20世纪60年代到90年代)和近期3个阶段。刘红妮(2009)和张成进(2013)参照霍珀和特劳戈特的分类,将国内语法化研究也分成3个阶段:《马氏文通》之前,实词虚化思想的产生阶段;《马氏文通》出版至1993年,实词虚化研究的深化阶段;1994年至今,与国际接轨的语法化研究阶段。

1.4.1.1　语法化概念

第一,虚化与语法化。

语法化问题的讨论在中国和西方都有较长的历史,但"'语法化'这个概念最早是中国人在13世纪就提出来的,元朝的周伯琦在《六书证伪》中说:'大抵古人制字,皆从事物上起。今之虚字,皆古之实字'(Harbsmeier,1979)"。① "虚字"这个概念早在11世纪的宋代就已出现,周辉在《清波杂志》里面记载:"东坡教诸子作文,或辞多而意寡,或虚字多而实字少。"不过,宋代"虚字说"的提法不代表"虚化说"的萌芽或者形成,因为那时尚看不出虚字和实字的关系。

其实,我国对于虚词的研究,最早可以追溯到《墨子》。《墨子》已经提到虚词具有系统性。郭锡良(2003)将我国古代的虚词研究大致分为3个阶段:先秦到唐宋时期的虚词零散研究阶段、元代的虚词专门研究阶段和清代的虚词研究顶峰阶段。② 19世纪末,《马氏文通》出版,这对于中国语言学研究有着划时代的意义。《马氏文通》"在分析各类实字虚字时,总是要涉及相关的凝固短语、固定格式的意义和用法,为帮助理解,又常常追溯它们的来源"。③

20世纪50年代,王力先生在《汉语史稿》(1958)里考察了汉语语音、语法、词汇的演变过程,这也体现出实词虚化的思想。梅祖麟(1981)提出,"词汇兴替"和"结构变化"是现代汉语完成貌"动+了+宾"结构的演化机制。20世纪80年代,出现了直接以"虚化"为题来研究实词虚化问题的论文,如段德森的《论实词虚化》(1982)和解惠全的《谈实词的虚化》(1987),这些论文对"虚化"进行了定义,从而明确提出"虚化"这个概念。

---

① 沈家煊."语法化"研究综观[J].外语教学与研究,1994(4):17.
② 郭锡良.古汉语虚词研究评议[J].语言科学,2003(1):87.
③ 刘永耕.《马氏文通》对实词虚化的研究[J].福建师范大学学报(哲学社会科学版), 2005(1):92.

在欧洲,最早体现朴素的虚化或者语法化思想的是18世纪的法国哲学家艾蒂安·邦诺·德·康迪拉克(Etienne Bonnot de Condillac)。他指出:"动词的屈折形态,如时态标记,是由独立的词变来的。"① 到了1912年,法国语言学家A.梅耶(A. Meillet)在《语法形式的演化》(1912)一书中正式提出"语法化"这个概念,认为语法化就是研究"自主词向语法成分之作用的演变"(Meillet, 1912:133)。②

显然,中国传统的"虚化"思想和梅耶的"语法化"概念都侧重词的演化现象,前者重视实词虚化,后者强调词向语法成分演变,但"虚化"和"语法化"的内涵有所不同。沈家煊(1994)对两者的区别作了精辟的概述:"'虚化'主要是针对词义的变化由实到虚,西方已有'semantic bleaching''semantic weakening'这样的名称。'语法化'一词则偏重于语法范畴和语法成分的产生和形成,例如主语和宾语这样的语法范畴,以及主格和宾格标记这样的语法成分是如何产生的? 因此'语法化'的范围似乎比'虚化'广。"③

第二,语法化界定的不同视角。

"语法化"这种说法自产生起,不仅与"虚化"所指各有侧重,就连"语法化"这个概念本身也因为研究对象和视角不同,其定义方式也是多种多样。

首先,根据研究对象的不同,语法化概念的内涵不尽相同。语法化发生在语言的各个层面,涉及语音、词汇、句法、语义、语用等。

---

① 沈家煊."语法化"研究综观[J].外语教学与研究,1994(4):17.
② 文旭.《语法化》简介[J].当代语言学,1998(3):47.
③ 沈家煊."语法化"研究综观[J].外语教学与研究,1994(4):17.

王寅(2005)据此将语法化概念进行分类,认为"狭义的语法化"专指实词虚化现象,"广义的语法化"则是将词汇层面的研究范围扩大到语篇和语用层面,而"最广义的语法化"还可包括概念结构、事体结构等是如何成为语法手段和句式构造的。可见,广义和最广义的语法化研究将传统的虚化研究成果与现代语言学理论相结合,如语用学、认知语言学的相关理论,进而描写语言或非语言现象的演变轨迹。

刘坚、曹广顺和吴福祥(1995)从狭义视角去界定语法化,认为:"通常是某个实词或因句法位置、组合功能的变化而造成词义演变,或因词义的变化而引起句法、组合功能的改变,最终使之失去原来的词汇意义,使语句具有某种语法意义,变成了虚词。这个过程称为语法化。"[1] 刘坚等人的界定和中国传统的虚化概念相似。

语法化的定义基本上遵循从实到虚,从虚到更虚的演变思路。库里洛维奇(1965)指出:"语法化存在于词汇语素进而为语法语素,或从较低的语法地位进而为具有较高的语法地位。"[2] 莱曼(1982)认为,语法化经历了这样的演变过程:词汇成分发展为语法构形成分,语法构形成分进一步增强其语法功能。霍珀和特劳戈特(1993)持有类似观点,认为一些词汇或结构式获得语法功能的过程就是语法化过程,而且可能还会进一步语法化,从而发展出更新的语法功能。

---

[1] 刘坚,曹广顺,吴福祥.论诱发汉语词汇语法化的若干因素[J].中国语文,1995(3):161.
[2] 胡壮麟.语法化研究的若干问题[J].现代外语,2003(1):86.

其次,从研究视角看,语法化的定义可分为历时和共时两个层面。前述几种定义基本上都是从历时角度展开的。斯蒂芬·C.列文森(Stephen C. Levinson)(1983)则从共时角度来定义,认为语法化是在语言的词汇、词法/句法、语音等方面用编码来区分语义,但"该定义扩大了语法化范围,这样的定义并不通行"。① 也有学者将历时和共时视角结合在一起来考察语法化:"从历时和共时结合的角度看,语法化是语法范畴和编码(即意义)的组织的历时性和共时性的过程,是研究语言和言语、范畴和类范畴、固定成分和非固定成分之间相互依赖性的语言理论,旨在强调自由的词汇表达和受制约的形态句法编码之间的控制关系,以及范畴的基本非离散性和语言的非确定性。"② 此外,拜比、珀金斯和帕柳卡(1994)认为,语法化研究的最终目的不是弄清语法标记的形成过程,其最终目的是要弄清虚化在日常语言使用过程中的动因和机制是什么,要弄清语言实际使用的环境和使用者的认知心理如何影响词义的变化。所以,这种语法化研究思路实际上综合了历时和共时两种研究方法。

正是因为语法化关注的对象较为复杂,界定的方式多种多样,所以有些语言学家对"语法化"这个概念提出了挑战和质疑。弗雷德里克·J.纽迈尔(Frederick J. Newmeyer)(2001)认为,所谓的"语法化"是句法演变、语义演变和语音演变的上位概念,需要用不同的原则来解释不同类型的历史演变,所以这种处于上位概念的

---

① 沈家煊."语法化"研究综观[J].外语教学与研究,1994(4):17.
② 杨成虎.语法化理论评述[J].山东师大外国语学院学报,2000(4):11.

"语法化"无需存在。布里安·D. 约瑟夫（Brian D. Joseph）(2001)认为没有语法化理论，只有语法化现象。理查德·D. 扬达（Richard D. Janda）(2001)认为，原来就已存在的机制和手段也可以解释清楚语法化现象，所以没有必要再提出花哨的语法化理论。

笔者赞成诺德(2001)，以及拜比、珀金斯和帕柳卡(1994)的说法，语法化现象客观存在，发生在语言的各个层面，但需要一套语法化理论对语法化现象作统一的解释。"诚然，语音蚀失（erosion）和语义淡化（bleach）可以独立出现而互不相干。但是要把它们放到一个独立的理论框架下进行研究。"① "语音、语义和形态—句法上的变化是彼此交织的，宜从普通语言演变中独立出来作专门研究。"②

1.4.1.2 语法化规律

沈家煊(1994)在霍珀(1991)研究的基础上，总结了语法化的9条规律：并存原则、择一原则、歧变原则、降类原则、保持原则、滞后原则、渐变原则、频率原则、单向循环原则。这些规律揭示了语法化现象的特点、动因与机制。

语法化理论中的一个重要假设就是演变路径的单向性。所谓"单向性"，指的是："语法化的演变过程是以'词汇成分 > 语法成分'或'较少语法化 > 较多语法化'这种特定方向进行的。"③ 吉翁

---

① Norde, M. Deflexion as a Counterdirectional Factor in Grammatical Change [J]. Language Sciences, 2001(23):233.
② Bybee, J., R. Perkins and W. Pagliuca. The Evolution of Grammar—Tense, Aspect, and Modality in the Languages of the World [M]. Chicago: The University of Chicago Press,1994:5-6.
③ 吴福祥.关于语法化的单向性问题[J].当代语言学,2003(4):308.

在1971年和1979年提出两个著名的论断——"今天的词法曾是昨天的句法","今天的句法曾是昨天的章法"。海涅(1993)曾提出一条具体的语法化路径:"Verb-to-TAM(tense, aspect and mood) chain",认为该语法化斜坡的左端是实义动词结构,右端则是表示时态、体态和情态的语法标记词。此外,霍珀和特劳戈特(2003)也提出一个类似的从左到右渐进递变的"语法化斜坡":实义词 > 语法词 > 附着形式 > 屈折词缀。

我们认可多数语言演变事实符合单向性特征,但是单向性不是绝对的。莱特福特(1979)曾经提到语法化及其逆过程,但他的论证被贝恩德·海涅和梅希蒂尔德·雷(Bernd Heine & Mechthild Reh)(1984)推翻。莱曼(1982)首创"去语法化"(degrammaticalization)这一概念,但他却认为在语言事实中并不存在这一现象。去语法化研究的集大成者是诺德,她在专著《去语法化》(*Degrammaticalization*, 2009)中,把去语法化看作是语法词素沿着语法化斜坡从右到左的逆向演变,并将其定义为:语法形素(gram)在特定条件下,在很多语言层面(如语义、形态、句法或语音)增强自主性或实义的变化。① 利用去语法化理论解释语言现象的研究屈指可数,在国内主要有李宗江(2004)、邵斌和王文斌(2012)、罗耀华和周晨磊(2013)、张秀松(2014)。但诚如特劳戈特(2002)认为的那样,去语法化的例子为数很少,且不规则,却并不影响单向性的假设。

语法化运行有其特定的动因与机制。拜比、珀金斯和帕柳卡

---

① Norde, M. Degrammaticalization [M].Oxford: Oxford University Press, 2009:120.

(1994)总结了5种语法化机制,包括隐喻、推理、泛化、和谐和吸收。海涅、克劳迪和许内迈尔在专著《语法化:概念框架》(*Grammaticalization*: *A Conceptual Framework*,1991)中提到,隐喻、转喻和重新分析是语法化的重要机制,并提出了著名的认知序列:人 > 物 > 活动 > 空间 > 时间 > 性质(person > object > activity > space > time > quality)。①

霍珀和特劳戈特(1993)认为语法化机制包括重新分析和类推。重新分析是指:"一个结构式在不改变'表层形式'(surface manifestation)的情况下'底层结构'(underlying structure)发生了变化。"② 爱丽丝·C. 哈里斯和莱尔·坎贝尔(Alice C. Harris & Lyle Campbell)(1995)认为类推是一个语法格式的表层形式的变化,不会马上带来深层结构的改变,它是对业已形成的句法规则的推广和应用。吴福祥(2005)将类推定义为:"'类推'或'扩展'是指一个结构式在不改变底层结构的情况下表层形式发生了变化。"③

此外,学者们还对语法化的其他动因和机制进行了研究,如句法位置(解惠全,1987;霍珀等,1993),主观化(兰盖克,1999;特劳戈特,1995),使用频率(哈斯泊尔马斯,2001;拜比,2003;彭睿,2011),语言接触(海涅和库特瓦,2003,2005;吴福祥,2009),等等。

刘辰诞(2015)对语法化机制进行了概括,认为语法化涉及人

---

① Heine, B., Claudi U. and Hunnemeyer, F. Grammaticalization: A Conceptual Framework [M]. Chicago: The University of Chicago Press, 1991:48.
② 吴福祥.汉语历史语法研究的目标[J].古汉语研究,2005(2):3—4.
③ 吴福祥.汉语历史语法研究的目标[J].古汉语研究,2005(2):3—4.

类的一个基本认知特征——结构边界移动。结构边界移动包括隐界移动和显界移动,前者涉及"形式—意义"结构中的语义极边界移动,后者指形式极的结构边界移动,隐界移动推动语义虚化,显界移动推动形式结构语法化,所以"结构边界移动是语法化的一个重要认知动因"。

1.4.1.3 语法化理论的应用

语法化理论对语言各个层面的演变具有强大的解释力。国内语言学界自 20 世纪 90 年代以来,随着沈家煊的《"语法化"研究综观》(1994)和孙朝奋的《〈虚化论〉评介》(1994)等著作率先将语法化引介到中国来,中国学者开始了真正的对语法化理论的思考和研究,并将语法化理论和汉语演变事实结合起来,成果丰硕。例如,汉语语法化类型学特征(吴福祥,2005),语法化与汉语方言研究(刘丹青,2009),少数民族语言语法化(徐世璇和鲁美艳,2014;赵明鸣,2013,2015),英汉语法化对比(牛保义和徐盛桓,2000;牛保义,2001),汉语句式和构式语法化研究(高增霞,2003;刘红妮,2007,2009;蔡淑美,2013,2015),词汇语法化(刘坚,曹广顺,吴福祥,1995;董秀芳,2002,2003,2004,2006;陈昌来,2002,2014,2015;马清华,2003;彭伶楠,2006;张秀松,2014,2015),汉语双音化与语法化研究(冯胜利,2000;石毓智,2002;吴为善,2003),等等。

1.4.2 话语标记理论

话语标记是一种常见的话语现象。自 20 世纪 50 年代鲁道尔夫·夸克(Randolph Quirk)(1953)开始关注话语标记这种语言现象以来,话语标记研究已有60余年的历史,期间取得了丰硕的研究成果。国外代表性研究者有简-奥拉·奥斯塔曼(Jan-Ola. Östman)(1981),斯蒂芬·C. 列文森(Stephen C. Levinson)(1983),德伯拉·希夫林(Deborah Schiffrin)(1987),布鲁斯·弗雷泽(Bruce Fraser)(1990,1996,1999),吉塞拉·雷德克(Gisela Redeker)(1991),戴安娜·布莱克莫尔(Diane Blakemore)(1992,2002),伊丽莎白·克洛斯·特劳戈特(Elizabeth Closs Traugott)(1995),犹塔·伦克(Uta Lenk)(1998),罗纳德·卡特和迈克尔·麦卡锡(Ronald Carter & Michael McCarthy)(2006),等等。国内代表性研究者有冉永平(1995,2000,2002,2003),何自然(1997),陈新仁(2002,2006),冯光武(2004,2005),高增霞(2004),刘丽艳(2005),董秀芳(2007,2010),李宗江(2008,2010),许家金(2009),殷树林(2011,2012),等等。

1.4.2.1 国内外话语标记研究阶段

我们可借鉴阚明刚(2012)和陈睿(2015)的处理方式,将国外话语标记研究分为4个阶段。第一阶段是孕育期(20世纪50年代初—70年代中期),以鲁道尔夫·夸克(Randolph Quirk)(1953)和查尔斯·卡朋特·弗里士(Charles Carpenter Fries)(1952)为代表。其中,弗里士(1952)注意到well、oh、now、why的话语位置、频率分布,以及look、say和listen具有引起(别人)注意的功能。第二阶段为萌芽期(20世纪70年代中期—80年代中期),代表人物为列文森(1983)。在讨论话语指示语

(discourse deixis)时,列文森(1983)提到在英语中,以及其他大多数语言中,有一些词语和短语存在于某句话(utterance)和前面的话语(discourse)之间,"它们的作用似乎常常以非常复杂的方式表明,其所在的语句是前面话语某部分的回应、延续"。① 第三阶段为成长期(20世纪80年代中期—90年代末),主要有希夫林(1987)和弗雷泽(1999)从语义—语用视角出发的连贯派研究,以及布莱克莫尔(1987,1992)从认知—语用视角出发的关联派研究。第四阶段是20世纪至今的扩张期,主要包括杰恩·E.福克斯特里(Jean E. Fox Tree)(2001),郝伯特·H.克拉克和杰恩·E.福克斯特里(Herbert H. Clark & Jean E. Fox Tree)(2002)对话语标记的认知心理学分析,本·哈钦森(Ben Hutchinson)(2005)对话语标记的可替换性进行的建模实验,以及安德烈·波佩斯库-伯丽斯和桑德琳·佐飞(Andrei Popescu-Belis & Sandrine Zufferey)(2011)从词语共现、位置和韵律、社会语言学特征、词性等几个方面总结的话语标记的识别特征。

我们可将国内话语标记研究大致分为3个时期。第一阶段为19世纪末至20世纪70年代末的话语标记思想萌芽时期。国内的话语标记思想早在中国传统语法研究方面就有所体现,如《马氏文通》(1983)的连字研究,施树德(1957)、吕叔湘和朱德熙(1962)的独立成分或插入语研究。第二阶段为20世纪80年代初至21世纪初的国外话语标记理论引介时期,如王福祥(1981)的俄

---

① Levinson, S. C. Pragmatics [M]. Cambridge: Cambridge University Press, 1983: 87-88.

语语篇分析介绍、黄国文(1988)的韩礼德和哈桑篇章分析介绍、廖秋忠(1992)的连接成分研究、冉永平(1995)的话语标记well研究、冉永平(2000)和黄大网(2001)的国外话语标记研究综述。第三阶段为话语标记理论应用时期,即把话语标记理论和语言事实结合起来研究,如方梅(2000)的弱化连词的话语标记功能研究、冉永平(2002,2003)的you know和well话语标记研究、刘丽艳(2005)的口语交际中的话语标记研究、许家金(2009)的青少年汉语口语中的话语标记研究等,以及对不同领域的话语标记功能进行研究,如课堂话语标记(张会平和刘永兵,2010)、法庭庭审话语标记(许静,2009;孙炳文,2015)。总体来说,汉语的话语标记研究相对滞后,此项研究应该成为以后汉语研究中的一个重要课题。①

1.4.2.2 话语标记概念

第一,话语标记的不同名称。

1953年,夸克在题为"随意的交谈——日常口语的一些特征"的讲座中提到,一些修饰语,如you know、you see和well,"在信息传递中毫无作用,但是不仅我们今天的口语里到处有它们的身影,而且在莎士比亚戏剧(甚至更早)的普通对话中,同样密布着这些表面上无用且毫无意义的成分"。② 从这次讲座我们可以看出,夸克(1953)提到的这些修饰语具有没有实在意义和口语语体这两个特征。

学者们关注到了夸克所提到的这些修饰语现象,并从不同的

---

① 吴福祥.汉语语法化研究的当前课题[J].语言科学,2005(2):26.
② 黄大网.话语标记研究综述[J].福建外语,2001(1):5.

角度给它们命名。冉永平(2000)归纳了 20 多种命名方式,主要分为 3 类:从语义视角去命名,如语义联加语(semantic conjuncts)、语义联系语(semantic connectives)等;从句法视角去命名,如逻辑联系语(logical connectors)、外加语标记(disjunct markers)等;从语用视角去命名,如语用小品词(pragmatic particles)、语用标记手段(pragmatic devices)、语用表达语(pragmatic expressions)、语用构成语(pragmatic formatives)、语用操作语(pragmatic operators)、话语标记语(pragmatic markers)、语用功能词语(pragmatic function words)等。

其中,比较流行的说法就是语用标记语(弗雷泽,1999)和话语标记语(希夫林,1987)。冯光武(2004)认为,语用标记语和话语标记语的指称范围不尽相同,前者范围大于后者。卡特和麦卡锡(2006)认为话语标记语是语用标记语的一种。冉永平(2000)则主张将它们统称为"话语标记(语)"。

此外,话语标记和我国传统语法讨论的独立成分或插入语研究(施树德,1957;吕叔湘,朱德熙,1962;邢福义,1991)有交叉现象。施树森(1957)指出,在汉语句子里,存在一种独立成分现象,这种成分在结构上和句子成分不发生关系,但"能够使说话人的态度或感觉等更稳妥地更婉转地表达出来"。[①] 吕叔湘和朱德熙(1962)认为,句中的插入语在中国传统语法中就有,但"近来这种句法多起来,是受了外国语法的影响"。[②] 邢福义在《现代汉语》

[①] 施树森.汉语语法提要[M].南京:江苏人民出版社,1957:41—43.
[②] 吕叔湘,朱德熙.语法修辞讲话[M].北京:中国青年出版社,1952:165—166.

(1991)中将句子成分分出独立语和外位语两种特殊成分。独立语包括插说语、呼应语、感叹语和象声语,其中插说语和感叹语与话语标记有关。

第二,话语标记界定。

对话语标记研究影响最大的是希夫林于1987年出版的专著《话语标记》(*Discourse Markers*)。这本书给话语标记语下的定义是:话语标记语是"对话语单位起切分作用的顺序性依附成分"(sequentially dependent elements which bracket units of talk)。①

在国内,对话语标记进行定义的代表学者是董秀芳(2007)。她认为话语标记是指序列上划分言语单位的依附成分,话语标记对命题的真值意义没有影响,基本没有概念语义;作为话语单位之间的连接成分,它可以指示前后话语之间的关系。刘丽艳(2005)概括了学界对话语标记的认识:功能上具有连接性,语义上具有非真值条件性,句法上具有非强制性,语法分布上具有独立性,语音上具有可识别性。殷树林(2012)认为,话语标记除了语音、句法和语义特征外,还有语体和语用特征:在语体方面,话语标记多用于口语中;在语用方面,话语标记具有自返性,对言语交际进行有意识的调节和监控。

因此,学界对于话语标记的界定主要从语音、语义、句法、语用、语体等方面展开。不过,对于话语标记的意义问题,学界存在分歧。布莱克莫尔(1987)区分了它的概念意义和程序意义,

---

① Schiffrin, D. Discourse Markers [M]. Cambridge: Cambridge University Press, 1987:31.

认为话语解读涉及两个不同的过程:概念解码关乎概念信息或表征内容的解读过程,程序解码指解码解释程序或提供如何解释指令的过程。① 李宗江(2008)认为话语标记(语用标记)的核心意义是程序性意义。许家金(2009)和祖利军(2010)认为话语标记大多没有表征意义、命题意义或概念意义。但我们要注意到,有些话语标记的概念意义是存在的,比如证据类话语标记中的"据他说"和评价性话语标记中的"糟了"和"坏了"都是具有一定概念意义的。

1.5 研究方法和研究思路

1.5.1 研究方法

本书主要采用以下几种研究方法。

第一,理论分析与实证研究相结合:(1)采用理论分析法,以相关理论为指导,建构"X 了"双音构式共时与历时研究体系。(2)采用语料采集法,利用百度搜索、北京大学中国语言学中心语料库,充分研究丰富的"X 了"双音构式语料,尤其是非词构式的汉语语料,为本书的选题提供例证支持。

第二,描写与解释相结合:依据语言事实,描写"X 了"双音构式的历时演进过程,揭示其演化背后的动因与机制。

第三,共时与历时相结合:从共时角度描写现代汉语"X 了"构

---

① Blakemore, D. Semantic Constraints on Relevance [M]. Oxford: Blackwell Publishers Ltd,1987:6.

式的构成与类别;从历时角度分析"X了"双音构式的演化进程。

第四,采用归纳法:分析"够了""糟了"和"坏了"的语法化现象与话语标记功能,归纳总结"X了"双音构式总体的语法化过程及其动因和机制,以及其话语标记功能。

1.5.2 研究思路

本书的研究思路是:以语法化和话语标记理论为理论框架,充分研究汉语语料,分析共时平面的"X了"构式,尤其是"X了"双音构式;仔细描写和分析"够了""糟了"和"坏了"的语法化现象和话语标记功能;总结"X了"双音构式的语法化规律;归纳"X了"双音构式用作话语标记时所具有的人际功能和语篇功能。

1.6 语料来源

本书研究所采用的语料主要源自北京大学中国语言学研究中心语料库,部分例子来自百度新闻标题搜索和作者自编。

第二章 现代汉语"X 了"双音构式的共时分析

2.1 "X 了"构式

在现代汉语共时平面,"X 了(le)"组合形式出现频率很高。本章将基于构式的概念和特征分析,对现代汉语中的"X 了"构式的结构类型和音节分类进行细致描写。

2.1.1 构式与"X 了"构式

"构式"这个术语表达早已有之。在罗纳德·W. 兰盖克(Ronald W. Langacker)的认知语言学及查尔斯·J. 菲尔莫尔和保罗·凯(Charles J. Fillmore & Paul Kay)的框架语义学中,构式的概念就已经出现,他们指出构式是语言的研究单位,强调形式和意义之间的匹配(form-meaning pairs)。①

构式是构式语法理论的核心概念。构式语法中的构式强调了构式义的不可预测性。阿德勒·E. 戈德堡(Adele E. Goldberg)(1995)明确地界定了构式:当且仅当 C 是一个形式—意义的配对(Fi, Si),且形式 Fi 的某些特征或意义 Si 的某些特征不

---

① 张娟.国内汉语构式语法研究十年[J].汉语学习,2013(2):71.

能从 C 的构成成分或从其他已有的构式中得到严格意义上的预测,C 便是一个构式。① 2006 年,戈德堡修正构式的定义为:"任何格式,只要其形式或功能的某一方面不能通过其构成成分或其他已确认存在的构式预知,就被确认为一个构式。"②

构式的不可预测性表明构式义会和构式内部构成成分的语义产生冲突。根据劳拉·A.米凯利斯(Laura A. Michaelis)(2004)提出的统领原则,即如果一个词项与它的句法环境语义上不兼容,词项的意义会遵从它所在的构式意义,这就是构式压制(coercion)。③ 构式压制现象是解决构式义和成分义之间矛盾的结果。

在构式语法里,构式的范围很广。戈德堡(2003)关注语言各个层面的格式,包括语素、词(含单纯词和复合词)、习语(含完全固定的和部分固定的)、共变条件格式、双及物构式、被动式等。后来,戈德堡(2006)将构式范围进一步扩大至成句的习语。奥斯塔曼(2005)甚至提出了语篇构式(discourse construction)的观点,将构式扩大到语篇层次,但真正意义上的篇章构式研究非常少见。④

基于对构式的定义和特点分析,本书分别从语义特征、语法功能、结构紧密度等方面对现代汉语"X 了"构式加以考察。

---

① Goldberg, A. E. Construction: A Construction Grammar Approach to Argument Structure [M]. Chicago: The University of Chicago Press, 1995:4.
② Goldberg, A. E. Construction at Work: The Nature of Generalization in Language [M]. Oxford: Oxford University Press, 2006:5.
③ Michaelis, L. A. Type Shifting in Construction Grammar: An Integrated Approach to Aspectual Coercion [J]. Cognitive Linguistics, 2001(15):25.
④ 张娟.国内汉语构式语法研究十年[J].汉语学习,2013(2):71.

第一,从语义特征来看,"X了"构式的语义具有不可预测性和融合性这两个特点。构式意义的融合性强调构式组合形式的整体意义,该整体意义不等于构式成分语素义的简单相加。杨晓黎(2014)从传承语素义的视角出发,发现词义与构词语素之间的语义关系表现为语素义简单相加、某一语素义模糊、修辞义和文化义等类型,其中修辞义和文化义是一种整体性用法。① 如,"坏"的本义是崩溃、倒塌,其与助词"了"连用,构成"坏了",可以用作话语标记。此时,其最初的概念意义消失殆尽,整体用来表达说话人的醒悟或者表达意外的、调侃的语气。②

第二,从语法功能来看,"X了"构式中的大多数组合形式能够以整体的方式在句法中单独地充当句子成分,这些构式形式表现为词和固定语。③ 例如,"算了"作为构式,表现为动词、语气词和话语标记等语言形式。当它表示作罢时,可以用作谓语动词和句末语气词,在句法中充当一个最小的自由单位;当它用作话语标记时,具有评价之意,可以单独成句,并具有表达情态及结束话题等功能。④

除此之外,现代汉语中还存在着少量的"X了"组合形式,功能上有些像黏着语素,不能独立运用,需要依附于句子其他的成分而

---

① 杨晓黎.传承语素与语义的传承[J].江淮论坛,2014(1):165—166.
② 关于"坏了"的话语标记功能分析参见第五章。
③ 符淮青(2004)认为词汇包括语言中的词和固定语。固定语是指语言中可以把词作为构成成分的、同词一样作为一个整体运用的语言单位。固定语在结构、意义、作用上有自己的特点。固定语包括大量的专门用语(专名词语、术语和行业语)和熟语(成语、谚语、歇后语和惯用语)。一些习用词组也可归入固定语。
④ 李慧敏."算了"的话语功能及其生成机制研究[J].安徽大学学报(哲学社会科学版),2012(3):67.

存在。据笔者观察,这些"X 了"构式具有唯补词特征。

"唯补词"这个概念是刘丹青(1994)首先提出来的。他把唯补词定义为"在某些义项上只能作结果补语、可能补语等紧附于动词而且不能扩展的补语"。他认为,唯补词是由谓词虚化来的,其意义比谓词抽象空泛。① 李宗江和王慧兰(2011)将唯补词分为两类:一类是只能作补语而表示述语动作发生可能性的词语,如"得了(liǎo)、不了(liǎo)"等;第二类是只能作补语但表示前面述语的程度的词语,如"死、要命"等。我们所讨论的"X 了"唯补词属于第二类情况,即在语法功能上,只能用作动词或者形容词的程度补语,不能独立使用。如,"高兴坏了"和"忙坏了"中的"坏了"就是唯补词,表示"高兴"和"忙"的极限程度。

第三,从构式成分之间的紧密程度来看,"X 了"构式具有一定的凝固性和稳固性。② "X 了"结构中的成词形式的凝固性最高,不可随意扩展离析。唯补词的结构较为稳定,"不能按语义指向进行分解式变换"。③ 对于"X 了"类话语标记来说,有些语形还不是很稳定,如话语标记"糟了"具有"糟糕、糟糕了、太糟了"等语用变

---

① 刘丹青."唯补词"初探[J].汉语学习,1994(3):25.
② 构式成分之间的紧密程度与构式化等级相关。构式化等级分为高级构式化、中级构式化和低级构式化 3 种范畴。构式化的 3 个等级之分只是相对的概念,三者之间的界限并非泾渭分明,而是构成构式化等级的一个连续统(continuum)。高级构式化具有构式义不可预测性、语言形式固化等特点;中级构式化具有构式义不完全预测性、语言形式基本固化等特点;低级构式化的构式义与构成成分意义之间具有很强的关联性,语言形式相对较为固定,但也具有一定的离合性,可以插入其他语言成分。参见:张宏国.构式化与构式化等级[J].安徽大学学报(哲学社会科学版),2020(1).
③ 刘丹青.唯补词初探[J].汉语学习,1994(3):24.

体,说明"糟了"的词汇化程度或者语法化程度还不高。董秀芳(2007)曾经指出,语形不稳定的话语标记都是由词汇化而来的,其词汇化程度还不十分高,只是处于词汇化过程的最初阶段——熟语化。①

此外,"X了"结构的长度和词汇单位的长度接近。例如,词的典型格式是双字词,次典型格式是三字格,个别的词也有由4个字甚至5个字构成的。我们发现,"X了"结构的长度也是以双字结构和三字格为主,具体情况见第2.1.3节关于"X了"结构音节分类的分析。

2.1.2 "X了"构式的结构类型

笔者认为现代汉语中的"X了"构式由词、固定语和唯补词3部分构成。

第一部分,有些"X了"构式表现为词,如"为了"和"除了"是介词,"罢了"和"得了"是语气助词,"完了"具有语气词和连词的用法。

第二部分,有些"X了"构式表现为习用词组或熟语化形式,如话语标记"够了、别提了、我说什么了",或具有副词性用法的"摊开了、撑死了"等。这些形式具有整体性用法,其意义不是语素义的简单叠加。

第三部分,有些"X了"构式表现为具有整体性意义却不能独立使用的结构式,如唯补词中的"坏了"和"到家了"等。

---

① 董秀芳.词汇化与话语标记的形成[J].世界汉语教学,2007(1):58—59.

(1) 海萍转色道:"不过呢,你即便<u>得了</u>第一名,也不能骄傲。因为你的成绩好,不代表你的水平就高。你考得好是因为你练习做得多,但事实上,你的语言能力并不强……"(六六《蜗居》)

(2) "干脆就留下吧,瞧着办<u>得了</u>!"祥子是那么诚恳,弄得老头子有点不好意思了。(老舍《骆驼祥子》)

(3) "<u>得了</u>,<u>得了</u>!老三!少说一句。"大嫂很怕老三把祖父惹恼。(老舍《四世同堂》)

在例(1)中,"得了"用作小句核心谓语,由动词"得"和体标记"了"构成,其语义基本上是"得"和"了"的语素义的简单相加。例(2)中的"得了"是语气助词,表示一种建议。例(3)中的"得了"用作话语标记,表达说话人的特定语气,具有否定功能。例(2)和例(3)中的"得了"的语义不是构成成分语素义的简单相加,而是具有整体性意义。

(4) 起轩终于停下徘徊的脚步,气急败坏的大嚷:"别管<u>我说什么了</u>,反正我不是那种人,我不是!"(琼瑶《鬼丈夫》)

(5) 这都是不耐用消费品,跟你电脑一样,得年年换的。你每年换新电脑,<u>我说什么了</u>?(六六《双面胶》)

(6) 干事:老高,来信了!

老高:<u>我说什么了</u>,大爷,广告钱不会白花吧。(电视剧《炊事班的故事》)

例(4)中的"我说什么了"用作"别管"的宾语,表示"别管我所说的话"之意。例(5)中的"我说什么了"是反问句,表示"我什么话也没有说"之意。而例(6)中的"我说什么了"是个话语标记,表示后面所说的情况在说话人自己的了解或预料之中。例(6)的整体用法及其意义与例(4)和例(5)的字面意义完全不同。

(7) 说他闲着吧,他面前<u>摊开了</u>账簿和传票;说他在做事呢,他实在闲着。(周而复《上海的早晨》)

(8) 他主动坐到裴菊吟面前,极其平静却也极端坦率地说:"菊吟,这些天咱们赌过气,也似乎<u>摊开了</u>谈过——我说我绝对没干过对不起你的事,你说你要干过丢人的事你立刻死掉,但那其实还不是开诚布公……"(刘心武《一窗灯火》)

例(7)中的"摊开了"是一个具体的动作。例(8)中的"摊开了"相当于一个副词,表示"开诚布公"的谈话方式。

(9) 顾小西把手里的花往电梯扶手上一插,走了。何建国早<u>到家了</u>,正往桌上收拾饭呢,见小西甩着两只空手回来,有些纳闷:"我送你的花呢?"(王海鸰《新结婚时代》)

(10) 你们中国有句老话,到什么山唱什么歌,他到了地狱还在做上天的梦,你们说这是不是很愚蠢?愚蠢<u>到家了</u>!但是话说回来,他不招供,这事情就没完。(麦家《风声》)

例(9)中的"到家了"表示"回到家"的行为动作。例(10)中的"到家了"是唯补词,不能独立使用,在结构上依附于"愚蠢",表示"愚蠢"的程度。

在上述各例中,例(2)中的"得了"是语气词,例(3)中的"得了"和例(6)中的"我说什么了"是话语标记,例(8)中的"摊开了"具有副词性用法,例(10)中的"到家了"是唯补词。这些都是我们所关注的"X 了"构式的形式。

2.1.3 "X 了"构式的音节分类

笔者基于现代汉语词汇的判断标准,以《现代汉语词典》(2012)和《汉语新虚词》(2011)所收录的"X 了"构式为主要来源,并结合百度语料和北京大学中国语言学研究中心语料库语料,梳理出一些常见的"X 了"构式的组合形式。现按照"X 了"音节数量,列举如下:

表 2.1 "X 了"结构的音节分类

音节数量	实 例
双音节	为了、除了、罢了、得了、行了、好了、算了、完了、是了、对了、够了、糟了、坏了、惨了、有了、死了、屁了、极了、透了、疯了、醉了、O 了、out 了……
三音节	完蛋了、麻烦了、糟糕了、当然了、说白了、别提了、不好了、说穿了、再讲了、再说了、真怪了、弄好了、闹好了、摆明了、撒开了、了去了、摊开了、往死了、到家了、撑死了、敞开了、不结了、就是了……
四音节	差不多了、别扯远了、说起来了、更别说了……

(续表)

音节数量	实例
五音节	差不多得了、差不多行了、大事不好了、叫您受累了、啥也别说了、啥也不说了、我说什么了、这是后话了……
六音节	话又说回来了、你说到哪去了、你说哪儿去了、什么也不说了……
七音节	你说到哪儿去了、我什么也不说了……

从构成成分来看,"X"的语法属性多种多样,可以是动词,如"为、除、罢、得";可以是形容词,如"好、惨";可以是名词,如"屁";可以是动词短语,如"摆明、到家、说起来、更别说";可以是形容词短语,如"糟糕、真怪";可以是小句成分,如"这是后话、我什么也不说";可以是英文字母或单词形式,如"O(K)"和"out"。

就"X了"双音节形式而言,现代汉语"X了"双音构式包括双音词汇构式和双音非词构式,后者又可以分为双音话语标记和双音唯补词。

2.2 "X了"双音词汇

"X了"双音词汇构式包括"X了"双音动词、双音介词、双音语气词和双音连词。

2.2.1 双音动词

《现代汉语词典》(2012)将"算了、得了、行了、好了"作为动词收录在内。① 其中,"得了"表示制止或同意,如"得了,别再说了"②;"行了"表示结束或制止,如"行了,没事就回去吧"③;"好了"用在句首,表示结束或制止,如"好了,今天就谈到这里"④。当表示制止等意义时,"得了""行了"和"好了"的语义具有融合性或整体性特征,亦即其语义不是构成成分语素义的简单相加。但是,《现代汉语词典》(2012)所举的例子都是"得了""行了"和"好了"用作话语标记的用法,却未见这些具有融合性意义的形式整体用作动词性谓语的例子。笔者在百度和北京大学中国语言学研究中心语料库的语料中也未发现相关例子。因此,能否将"得了""行了"和"好了"视为动词,这还有待考察。

相比之下,"算了"是一个比较典型的"X了"双音动词。吕叔湘的《现代汉语八百词(增订本)》(1999)虽然没有将"算了"作为一个词收入,但提到了"动词'算'+'了'"形式表示作罢、不再计较之意。《现代汉语常用词用法词典》(1995)将"算了"作为动词收录,将其解释为"不再计较;作罢;认可"。《现代汉语词典》(2012)对"算了"的解释是"动 作罢;不再计较",并列举了"算了"充当谓语的两个例子——"他不愿意就算了吧"和"他不甘心,难道就这样算

---

① 《现代汉语词典》(2012)也收入了动词"罢了"和"完了",但构词语素"了"发音为"liǎo",不是"le"。因此,这两个动词不属于我们所讨论的"X了(le)"结构。
② 中国社会科学院语言研究所词典编辑室.现代汉语词典(第6版)[M].北京:商务印书馆,2012:271.
③ 中国社会科学院语言研究所词典编辑室.现代汉语词典(第6版)[M].北京:商务印书馆,2012:271.
④ 中国社会科学院语言研究所词典编辑室.现代汉语词典(第6版)[M].北京:商务印书馆,2012:518.

了不成"。① 刘红妮(2007)对"算了"的解释更为详细:"算"失去原来单独作动词时的语义,包括本义和引申义;"了"不再具备体标记的功能,也不再表示完成、实现;"算了"合起来表示一个整体的意义,即作罢、不再计较,语义已经凝固,也没有组合意义,所以可以判定已经成词。②

(11) 够了海萍！玩玩就算了。你要真把这个当事业,以后会很惨的。(六六《蜗居》)

(12) 你们都受党教育多年,一生表现不错,平时吃点喝点也就算了,何必要修独院盖洋房,自己跟自己过不去？(刘震云《官场》)

例(11)和例(12)中的"算了"都用作小句核心谓语,前者表示作罢,后者表示不再计较。用作动词的"算了"已经看不出构词语素"算"的最初意义——计算数目③。

2.2.2 双音介词

在现代汉语中,"X 了"双音介词只有"为了"和"除了"两个。但是,在近代汉语中,"X 了"双音介词却很多。陈昌来(2002)认为,明清小说中有"对了、向了、同了、照了、朝了、冲了、据了、为

---

① 中国社会科学院语言研究所词典编辑室.现代汉语词典(第 6 版)[M].北京:商务印书馆,2012:1244.
② 刘红妮.非句法结构"算了"的词汇化与语法化[J].语言科学,2007(6):15.
③ 中国社会科学院语言研究所词典编辑室.现代汉语词典(第 6 版)[M].北京:商务印书馆,2012:1244.

了、除了"等双音节词,但除了"为了"和"除了",其他的"X了"双音介词在现代汉语中基本不用了。雷冬平(2008)在分析近代汉语双音虚词的演变情况时,论及的近代汉语双音介词包括"除了、为了、按了、朝了、对了、据了、靠了、同了、向了、依了、用了、照了"等。

(一)除了

"除了"是现代汉语中比较常用的双音节词。《现代汉语词典》(2012)对"除了"有3种解释。①

第一,表示所说的不计算在内。

(13)蘑菇老人也忍不住地笑道,"我把这两个匪徒安排在<u>除了</u>我谁也不知道的地方,跑不了他,也死不了他,谁也救不了他。"(曲波《林海雪原》)

(14)他真是个没有个人生活的特殊人,他的脑子里<u>除了</u>打仗、学习、练兵以外,看来世界上再没有别的能使他关心的事。(曲波《林海雪原》)

第二,跟"还、也、只"搭配使用,表示在什么之外,还有别的。

(15)我是寡妇的独生子,我母亲把我带大多么艰难啊!可是以后我才知道,<u>除了</u>战争和疾病,还有不少别的办法制造孤儿寡妇。(戴厚英《人啊人》)

---

① 中国社会科学院语言研究所词典编辑室.现代汉语词典(第6版)[M].北京:商务印书馆,2012:194.

(16) 因此,除了吩咐厨师好好准备拿手菜之外,他自己,也早已站到大门口去恭迎百里长青的大驾了。(古龙《陆小凤传奇》)

第三,跟"就是"搭配使用,表示不这样就那样:

(17) 你一天一封信,一天一封信呀!在做了一天的"牛鬼蛇神"之后回到家里,陪伴我的,除了憾憾,就是你的这种信。(戴厚英《人啊人》)

(18) 你所谓的帮助,除了精神以外,就是物质上,如金钱之类的罗!(朱邦复《东尼!东尼!》)

《现代汉语词典》(2012)对"除了"所作的第二种和第三种用法解释可以合并。因此,"除了"主要有两种用法:一是引进被排除的事物,该事物不在一定范围之内;二是引进被排除的事物,该事物包括在一定范围之内。吕叔湘(1999)将前者概括为:"排除特殊,强调一致。"他将后者概括为:"排除已知,补充其他。"[1] 侯学超(1998)将"除了"的这两种用法描述为:"表示排除。论断适用于保留部分,不适用于排除部分……表示补充。在已有部分外,增加补充其他部分。"[2]

(二) 为了

"为了"也是现代汉语中比较常用的双音节词。《现代汉语词

---

[1] 吕叔湘.现代汉语八百词(增订本)[M].北京:商务印书馆,1999:126.
[2] 侯学超.现代汉语虚词词典[M].北京:北京大学出版社,1998:94—95.

典》(2012)对"为了"的解释是"表示目的"。

(19) 咱们自己没本事,孩子也跟着受欺负!我坐班车是沾了人家小姨子的光,没想到孩子进幼儿园,也是为了给人家陪读!(刘震云《一地鸡毛》)

(20) 为了自卫和报仇,他常常与我练摔跤打拳,还不惜当活靶子供我练。(老鬼《血色黄昏》)

《现代汉语词典》(2012)对"为了"进行解释时,还特别提示:"表示原因,一般用'因为',不用'为了'。"① 至于"为了"是否可以表示原因,学界尚有不同的看法。

(21) 梁实秋先生为了《拓荒者》上称他为"资本家的走狗",就做了一篇自云"我不生气"的文章。(鲁迅《鲁迅全集》)

(22) 为了高茜的事情,王老师可真的生我的气了。(引自陈昌来,2002:189)

在例(21)和例(22)中,"为了"表示原因。金昌吉(1996)认为,"为了"表示原因的用法是由"为"向"为了"发展的一种继承性演变,但是现在已经不常用了。此外,表示原因且使用频率也较高的"因为"和"由于"起到了与"为了"同样的作用。所以,"为了"逐渐趋向于只表示目的,表示原因则可以用"因为"和"由于"。② 陈昌

---

① 中国社会科学院语言研究所词典编辑室.现代汉语词典(第6版)[M].北京:商务印书馆,2012:1358.
② 金昌吉.汉语介词和介词短语[M].天津:南开大学出版社,1996:46.

来(2002)、侯学超(1998)、吕叔湘(1999)、张谊生(2000)等都将"为了"作为介词的介引功能分为动作和原因两大类。

2.2.3 双音语气词

笔者对现代汉语双音语气词收录情况的分析主要参考了以下工具书:中国社会科学院语言研究所词典编辑室编写的《现代汉语词典》(2012)、吕叔湘主编的《现代汉语八百词(增订本)》(1999)、景士俊写的的《现代汉语虚词》(1980)、华南师范学院中文系编写的《现代汉语虚词》(1981)、李忆民主编的《现代汉语常用词用法词典》(1995)、王自强编写的《现代汉语虚词词典》(1998)和张斌主编的《现代汉语虚词词典》(2001)等。

(一) 罢了

"罢了"是最早收入词典的"X了"结构。《现代汉语词典》(2012)对"罢了"的解释是:"用在陈述句的末尾,表示'仅此而已',常跟'不过、无非、只是'等词前后呼应。"①

(23) 他的内心非常恼火,只是碍于不是孙的顶头上司,不便马上发作罢了。(邓贤《大国之魂》)

(24) 在感情上我没有什么特别痛苦的,只不过同情和可怜他罢了。(路遥《人生》)

在现代汉语中,用在句尾的"罢了"和"而已"时常可以换用,表

---

① 中国社会科学院语言研究所词典编辑室.现代汉语词典(第6版)[M].北京:商务印书馆,2012:21.

示"把事情往小里说"。① 不过两者有些微观区别。"罢了"多用于口语,"而已"多用于书面语;"罢了"一般只起到冲淡句意的作用,"而已"有时还可带有严肃气氛或鄙视的意味,如"他只不过是个跳梁小丑而已"。方绪军(2006)认为,在句法方面,"而已"前边常用数量词语;在表达语气意义方面,"罢了"多数表达纯粹、完全属于某种情况而非其他的意味,"而已"常表示认定数量不够、程度或等级低的意味。例如,在例(25)中,"而已"前面的"几个地方"属于数量概念,表示数量不多。

(25)我一直没有能力去改变世界。我顶多只能改变北京郊区的几个地方<u>而已</u>。(权延赤《红墙内外》)

此外,刘宁(2010)讨论了现代汉语中"罢了"和"而已"在语体、句法特征和语法意义等 3 个方面使用上的异同,认为"罢了"作为原先较多用于口语的一个语助词,现在已经很少使用,而"而已"现在使用得更为活跃些。

(二) 得了

《现代汉语词典》(2012)对语气助词"得了"的解释是:"用于陈述句,表示肯定,有加强语气的作用。"② 孟琮(1986)认为,"得了"用作语气词时,表示一种建议、请求、决定的语气,有商量的意味。

---

① 吕叔湘.现代汉语八百词(增订本)[M].北京:商务印书馆,1999:56.
② 中国社会科学院语言研究所词典编辑室.现代汉语词典(第 6 版)[M].北京:商务印书馆,2012:271.

(26) 何大姐说,如果还没给,干脆我亲自给他得了。(刘醒龙《孔雀绿》)

在例(26)中,"我亲自给他"是对"还没给"的情形的一种解决方案,是一种建议或者决定。李小军(2009)进一步指出语气词"得了"表示建议时,往往表达出说话人的无奈或者随意。

(27) 既然上头不喜欢自己的女人出去应酬,我还是有点眼色,替他养着二奶得了。(六六《蜗居》)

(28) 你有一百多万呢,我嫁你得了。(曹桂林《北京人在纽约》)

在例(27)中,说话人的"替他养着二奶"是对"上头不喜欢自己的女人出去应酬"提出的解决办法或处理结果。同时,"得了"凸显说话人的无奈语气。在例(28)中,"嫁人"本是件严肃的事,说话人通过"得了"表达自己的随意或者不严肃,使得"我嫁你"听起来更像是玩笑。如果将语气词"得了"删除,删除后的句子结构仍然完整,真值语义也不受影响,但是句子的语气会变得比较严肃、生硬,从而影响语言的表达和交际效果。

(三) 算了

《现代汉语词典》(2012)对语气词"算了"的解释是:"用在句末,表示祈使、终止等语气。"[①] 刘红妮(2007)认为,"算了"用作语

---

① 中国社会科学院语言研究所词典编辑室.现代汉语词典(第6版)[M].北京:商务印书馆,2012:1244.

气词时,表劝说口气,并带有随便的感情色彩。李小军(2015)进一步指出语气词"算了"表达的两种语气:无可奈何;随意,轻描淡写。

(29) 邓有梅整个灰了心,一连几天,见人就说自己教一生的民办**算了**,再也不想转正,吃那天鹅肉了。(刘醒龙《凤凰琴》)

在例(29)中,邓有梅因为没钱没靠山,所以转正的事一直没有着落,"算了"表达了一种无可奈何的语气。

(30) 邓有梅走过来问他:"晚上有地方吃饭没有?"张英才答:"我在余校长家搭伙。"邓有梅说:"你是想回到旧社会么?走,上我家去吃一餐,习惯得了,以后干脆咱们搭伙**算了**。"张英才推了几把,见推不脱就同意了。(刘醒龙《凤凰琴》)

(31) 孙毛旦说:"如果是三个两个,我随便找几个顶了**算了**,这二十五个,叫我怎么指?"(刘震云《故乡天下黄花》)

例(30)中的"干脆"和例(31)中的"随便"凸显了"算了"的随意语气。

(四) 好了

《现代汉语词典》(2012)对助词"好了"的解释是:"用在句末,表示安抚对方的语气,或表示听凭,不在乎。"[①] 王自强在《现代汉

---

① 中国社会科学院语言研究所词典编辑室.现代汉语词典(第6版)[M].北京:商务印书馆,2012:518.

语虚词词典》中(1998)认为"好了"是个助词,用在句尾,表示不介意、不在乎、无所谓,带有让人放心的语气,多用于口语,相当于"就是了"。李小军(2009)则把"好了"的语气进一步分为两种:表"妥善处理"和表"随意;轻描淡写"。① 李宗江(2008)把"好了"的语气功能分得更为细致,包括"建议、请求、表态、希望、安慰、怨愚"等语气。② 诚然,一旦语境变了,语气词"好了"在不同的句子中表达的语气定会有所不同,所以很难去细分和穷尽。

(32) 我说,钱的来路需光明正大。儿子说,您就放心好了。(毕淑敏《想进当铺的男孩》)

(33) 你别学物理了,来学历史吧。我看你在这方面有天才,我招你当研究生好了。她愣了一下说:你说话可要算话呀。(王小波《未来世界》)

(34) 非得把孩子们肥的拖瘦,瘦的拖干,一户户家徒四壁,弹尽粮绝,卖了冰箱卖彩电,家家负债才算孝顺吗?该死的就让他死好了。旧的不去,新的不来!(毕淑敏《预约死亡》)

(35) 啐!你直说当了水怪好了。我怎么知道还会遇上你?啊?(王小波《绿毛水怪》)

例(32)中的"好了"表达儿子的安慰之情。例(33)中的"好了"是一种表态。例(34)中的"好了"表达建议。例(35)中的"好了"表

---

① 李小军.语气词"好了"的话语功能[J].世界汉语教学,2009(4):466.
② 李宗江.近代汉语完成动词向句末虚成分的演变[A].历史语言学研究(一)[C].北京:商务印书馆,2008:160.

达一种不介意,但又很不满的语气。

(五) 行了

《现代汉语词典》(2012)收入了动词"行了",但没有将"行了"作为语气词而收入。但现代汉语语料显示,"行了"已具有语气词的特征和用法。彭伶楠(2006)认为,"行了"用作语气词时,一般只用在句子或小句末尾,表达3种语气:不介意、不在乎、不满意。李小军(2015)认为,"行了"可表达说话人的建议,或表示说话人随意的态度和语气。

(36) 她叫宫敏章,我爱人,叫她"小宫"<u>行了</u>。(金戈,刘军《张伯驹和陈毅的交往》)

在上例中,宋振庭向张伯驹介绍自己的爱人宫敏章,"行了"的语气非常随意,就像拉家常一样,张伯驹原本紧张的心情一下子就没有了。

(37) 孙四海说:"我没态可表,就当我不知道这事<u>行了</u>。"(刘醒龙《凤凰琴》)

在例(37)中,孙四海不想掺和到需要表态的事情之中去,所以"行了"表明他对表态这件事无所谓、不在乎的态度。

(38) 得了,薄点<u>行了</u>。别把脸弄得像外国人的胳肢窝。(王朔《空中小姐》)

(39) 你,您差不多<u>行了</u>,也不瞧瞧这是什么地方。(王朔《我是你爸爸》)

从实施的言语行为来看，例(38)中的"行了"表达一种建议，例(39)中的"行了"具有批评和制止对方行为的功能。此外，这两例中的"行了"还能显示出说话人不耐烦或者不满的语气。

（六）是了

《现代汉语词典》(2012)没有收录语气词"是了"。《现代汉语八百词(增订本)》(1999)也没有将语气词"是了"收入在内，但提到了助词"就是了"的用法，认为"就是了"有两种用法：用在陈述句末尾，表示不用犹豫、怀疑；用在陈述句末尾，表示如此而已，有把事情往小里说的意味。语气词"是了"也是用在陈述句末尾，但多数表达建议。

(40) 那里新立了一所海军大学，眼下正在招考学生，你让他入学读书<u>是了</u>。(林希《小的儿》)

(41) 这一次也不会有什么新花招，过几天再回来呗，就让她住最后一道院里的小跨院<u>是了</u>。(林希《小的儿》)

上述两例中的"是了"表示建议。"是了"所在句子的前文信息往往是一种背景信息，带有解释性，从而表明这种建议极其合理。例(40)的建议是"入学读书"，前文信息"海军大学正在招考学生"表明了原因。同理，例(41)中的"让她住小跨院"是建议。

除了表达建议外，"是了"还能表达说话人随意的语气和态度。如例(42)，"是了"与前文信息"有什么好准备的"，即没有什么好准备的，前后呼应，表明说话人对相亲这件事的自信或者不在乎的态度。

(42)我用一种得意的、自信的、毫不在乎的口气道:"有什么好准备的,表哥表妹的说走就走是了。"舅舅瞪着大惑不解的眼神:"你难道就穿着这灰蒙蒙的旧衣服去?"(欧阳学行《穿着破衣去迎亲》)

(七) 完了

《现代汉语词典》(2012)收入了动词"完了"(wán liǎo)和连词"完了"(wán le),但没有提及"完了"作为语气词的用法。彭伶楠(2006)认为,语气词"完了"表达的语气包括没什么大不了、不计较和不理会3种。

(43)"集体负责集体负责。"刘会元说,"反正也没外人,咱们互相对不起完了。"(王朔《一点正经没有》)

例(43)中的背景信息是一群熟人在打牌,"没外人",所以"完了"表达了说话人认为没什么大不了的语气,带有随意性。

(44)"算了,一个院的。"高晋宽容地说,"以后不跟他过事完了。"(王朔《动物凶猛》)

(45)爱谁谁谁吧,甭搭理他完了。(王朔《玩的就是心跳》)

例(44)中的语气词"完了"和话语标记"算了"一起表达出说话人不计较的语气。例(45)是一种不满的语气,表示不理会。

综上,我们发现,"罢了、得了、好了、算了、行了、是了、完了"用作语气词时,大致可以归为两种用法:表建议和表随意语气。

2.2.4 双音连词

目前,现代汉语"X了"双音连词只有"完了"。《现代汉语词典》(2012)对连词"完了"的解释是:"用在句中,表示两件事相承接,依次发生"。①

(46) 她象往常一样,收下了礼物,高兴得小脸儿发光,完了也就扔在一边。(老舍《鼓书艺人》)

(47) 八月十五一早,康熙皇上按往年的惯例,到供奉祖先牌位的钦安殿拈香叩拜,完了又回到乾清宫接受百官朝贺。(二月河《康熙大帝》)

例(46)中的"完了"表达时间上的变化。例(47)中的"完了"表达时间和空间上的先后变化,并连接了康熙皇上前后不同的动作。

李宗江(2004)认为,"完了"不仅可以表示时间和空间关系,还可以表示并列和因果关系,如例(48)和例(49)。

(48) 要讲武功厉害,还得说赵爷,完了就数"黑豹"了。(引自李宗江,2004)

(49) 供你上学,我们家庭情况没这个条件,完了也没办法就不念了。(引自李宗江,2004)

---

① 中国社会科学院语言研究所词典编辑室.现代汉语词典(第 6 版)[M].北京:商务印书馆,2012:1339.

2.3 "X 了"双音话语标记

话语标记是一种常见的话语现象。学者们从不同的角度对话语标记现象进行界定,话语标记名称就达 20 多种。其中,比较流行的说法就是语用标记语(弗雷泽,1999)和话语标记语(希夫林,1987)。希夫林(1987)将话语标记定义为"对话语单位起切分作用的顺序性依附成分"。

学界对话语标记的基本特点达成了共识(刘丽艳,2005)。第一,话语标记能够连接前后语篇,在功能上具有连接性。第二,话语标记的概念语义消失或者弱化,因此话语标记在语义上具有非真值条件性,话语标记的有无不影响语句命题的真值条件。第三,句法上具有非强制性,即话语标记的有无不影响语句的句法合法性。第四,话语标记在语法分布上具有独立性,经常出现在句首,不与相邻成分构成任何语法单位。第五,话语标记在语音上具有可识别性,可以通过停顿、调值高低等来识别。

现代汉语常见的"X 了"双音话语标记有"罢了、得了、行了、好了、算了、完了、对了、够了、糟了、坏了、惨了、有了、是了"等。[①] 鉴

[①] 前文已述,用作语气词时,"罢了、得了、行了、好了、算了、完了"已经词汇化。当这些同形形式用作话语标记时,是否是一个成词结构,这在学界是有争议的。如刘红妮(2007,2009)认为话语标记"算了"来源于语气词"算了",所以话语标记"算了"自然是一个词。而刘顺和殷相印(2010)和罗宇(2014)认为语气词"算了"和话语标记"算了"来源并不同。李小军(2015)也认为话语标记"算了"源于语气词"算了"的说法值得商榷。本研究认为"X 了"话语标记在本质上属于语法化现象。因此,笔者将"X 了"话语标记各个个案归为同一类,而不是将其中一些划分出来放到成词结构中去。

于话语标记具体功能的复杂性,以及本书后面章节会重点分析"够了""糟了"和"坏了"的话语标记功能,因此在本节中,笔者仅对这些常用的"X了"双音结构话语标记形式作些简单分析,并辅以一些实例。

从形式上看,"X了"话语标记有单用形式"X了"和连用形式"X了X了",甚至出现"X了X了X了"的多次重复形式。

(50) 那被称为张大人的男子手一摆:"罢了,什么张大人,现在是张闲人,张匹夫!"(朱秀海《乔家大院》)

(51) "罢了,罢了,哪里还能来这个玩意儿!"钱夫人急忙挣脱了窦夫人,摆着手笑道。(白先勇《游园惊梦》)

(52) "得了,准是有事,我们这儿各种鞭刃鞭酒全部脱销。"(王朔《玩的就是心跳》)

(53) "得了,得了,他不把我们放在眼里,我们也不把他放在眼里,那不就扯平了……"(白帆《那方方的博士帽》)

(54) 得了得了得了,谁不知道你郭芙蓉坏呢。(宁财神《武林外传》)

(55) 金秀说:"行了杨妈,有我一个人生气就可以了,要是惹您也生起气来,可是我的罪过。"(陈建功《皇城根》)

(56) 呼天成说:"好了,好了,回吧,大家都回去吧,这事我来处理。"(李佩甫《羊的门》)

(57) 张献忠将着大胡子想了一下,忽然跳起来说:

"有了！俺姓张,你也姓张,五百年前是一家,咱们就联了宗吧。"(姚雪垠《李自成》)

（58）马凤仙突然举起手说："有了,有了。我想起来了,干脆咱分三个等级：金魂,银魂,铜魂……"(李佩甫《羊的门》)

"X 了"话语标记的连用形式违反了赫伯特·保罗·格莱斯(Herbert Paul Grice)(1975)会话原则中的方式准则,即说话人没有使用简洁明了的方式来传递信息。但是,说话人通过连用形式的使用,可以凸显自己的主观情绪变化,表达强烈的语气和态度。如例(58)中,话语标记"有了"以重复形式来表明马凤仙突然想到某个主意时的心情异常激动。

从话语标记位置来看,"X 了"双音结构话语标记以出现在句首位置为主,如上述各例。但有时候,"X 了"话语标记还可以出现在句中和句末位置。

（59）他对剃头师傅说："一个剃头匠,怎么穿得这样洋里洋气的？算了,算了,快到下屋去给他们剃头吧！"(马识途《夜谭十记》)

（60）"这也好,你们根本是两个完全不同的人,而且她的臭脾气,没多少个人忍受得住,算了。"(岑凯伦《还你前生债》)

（61）"我们担心你,以后每隔三五天总得通个消息,对了,你妹妹也想到北美洲来走一走,暑假接她过来如何？"(亦舒《红尘》)

现代汉语"X 了"话语标记在话轮中处于不同的位置,其组织话轮的功能也不同。如例(58)中的"有了"处于句首位置,起到引出话题的作用。例(59)中的"算了"处于句中位置,起到承接前后话题的作用。例(60)中的"算了"处于句末位置,起到结束当前话题的作用。例(61)中的"对了"处于句中位置,起到转换话题的作用。

前面所提到的"X 了"双音话语标记经常出现在口语语体中,另有一些"X 了"双音话语标记则常出现在书面语中。例如,在新闻语篇中,话语标记"醉了"经常出现在新闻标题里,表达记者对所涉新闻的惊讶之情或调侃语气,能起到吸引读者眼球的作用。

(62)<u>醉了</u>!小偷入室盗窃竟还偷吃零食①

(63)<u>醉了</u>!保时捷轿车倒挂车牌上路　司机称不知道

(64)<u>醉了</u>!打招呼损失新手机　打招呼的代价太大了

此外,在现代汉语中,由单音节英语词汇或单音节字母和"了"组合而成的"X 了"也属于双音结构,如"O 了、out 了",其中"O 了"是"OK 了"的省略形式,经常被替换成汉字形式"欧了"。

(65)不知道"猴票"?<u>OUT 了</u>!猴年生肖邮票成"中国大妈"投资"新宠"

---

① 未标明出处的例子均引自百度新闻标题搜索。

(66) 钓鱼？OUT 了，这里流行钓牛蛙

(67) 欧了(O 了)，必备物品和药品就这么多。列多了你也不会都带对不对，咱只列必要的，有用的，最重要的。

(68) 篮网硬汉终与卡戴珊正式离婚 欧了(O 了)！不用喜当爹

例(65)和例(66)中的"out 了"的意义相当于英语词组"out of date"，有过时了的意思，表明说话人对"不知道'猴票'"和"钓鱼"的行为持有否定态度，为表达建议作好铺垫。例(67)和例(68)中的"欧了/O 了"相当于话语标记"行了"或者"好了"的用法。

2.4 "X 了"双音唯补词

现代汉语"X 了"结构用作唯补词的主要有：够了、坏了、死了、屁了、极了、透了、疯了等。大多数唯补词来源于动词性或者形容词性短语，但"屁了"和"极了"应该与名词"屁"和"极"有关。这些唯补词修饰前面的动词或者形容词，表示程度之深。

(69) 祖父又发了问："咱们怎么办呢？我饿死不算回事，我已经活够了！你的妈，老婆，儿女，难道也都得饿死吗？"(老舍《四世同堂》)

(70) 张有义媳妇巧巧看了看雷石柱说："你也不回去看看，大嫂子可急坏了！"(马烽，西戎《吕梁英雄传》)

(71)唐道懿拍着手来羞我,两道鼻涕跑出来又缩了进去,邋遢死了!我涨红了脸骂了他几声打狗屁,连忙叫老曾拖车子走了。(白先勇《玉卿嫂》)

(72)大刘苦笑:刑警队乱套,老吴刚刚上任,指挥不动。把我们都累屁了。(谈歌《城市警察》)

(73)你们都该先喝这汤,这汤好喝极了。我搁了无数的东西:海参、尤鱼、虾米、玉兰片、火腿……(王朔《无人喝采》)

(74)思谦恼火的说:"你这个无脑小妖怪把全家搅得天翻地覆,弄得我烦透了!恨不得今晚就嫁掉你!免得伤脑筋!"(琼瑶《月朦胧鸟朦胧》)

(75)"什么是想火车,"另一个工友插嘴道,"车上有他老婆,是叫老婆想疯了!"(曲波《林海雪原》)

我们需要区分用作程度补语的唯补词"X了"结构和用作结果补语的同形形式。下面我们以"坏了"为例来作分析。

76a.(他两天没有吃饭了)他饿坏了。①

76b.(他经常不吃早饭。)他的胃饿坏了。

在例(76a)中,"坏了"是程度补语,意义指向谓词"饿",说明"饿"的极限程度,相当于"饿极了"或"饿死了"。例(76b)中,"坏了"是结果补语,意义指向名词短语"他的胃",表示"他的胃出问题了"。

---

① 76a 和 76b 的例子属于作者自编。

"坏了"是作结果补语还是作程度补语取决于其表达的深层结构。① 转换语法认为每个句子都有两个结构层次——深层和表层。深层结构显示基本的句法关系,决定句子的意思;表层结构则表示用于交际中的句子的形式,决定句子的语音。句子的深层结构通过转换规则变为表层结构。通过深层结构和表层结构的理论,可以把表面不同而意思相同的句子联系起来。如,"约翰吃了苹果"和"苹果被约翰吃了",表层结构不同,但深层结构却相同。

桂诗春(1985)曾经指出,句子 The small girl was bitten by the brown dog(小女孩被黄狗咬了)的表层结构由 3 个部分组成:the dog is brown(狗是黄色的),the dog bit the girl(狗咬女孩),the girl is small(女孩是小的)。② 同理,例(76a)的表层结构"饿坏了"是由"他饿了"和"他饿得很"这两个深层结构转换而来。例(76b)中,表层结构"饿坏了"则是由"他饿了"和"他的胃坏了"转换而来。

因此,从表层结构和深层结构的分析视角来看,"坏了"用作结果补语时,可以分解出来,独立作谓语;"坏了"用作程度补语时,不能按照语义分解出来,不能独立作谓语,只能充当动词或形容词后的补语,具有后附性和粘着性的特点。所以,用作程度补语的"坏了"属于唯补词范畴。

---

① 施春宏(2008:6—16)认为动结式由述语动词和补语动词"整合"而成。述语动词和补语动词称作底层动词(underlying verb),动结式称作高层结构式(higher construction),大致分别对应深层结构和表层结构。
② 桂诗春.心理语言学[M].上海:上海外语教育出版社,1985:17.

2.5　小结

"X了"构式在现代汉语中使用频率很高。现代汉语"X了"构式包括唯补词、词和固定语,其音节形式呈多样化特征,构成成分"X"来源广泛。就双音节而言,"X了"构式又可分为双音词、双音话语标记和双音唯补词。从共时视角出发,对"X了"双音构式的全貌展开描绘,为我们全面、深刻地认识"X了"这个语言事实奠定了基础。

第三章 "够了"构式的语法化及话语标记形式[①]

3.1 引言

我们在百度新闻标题中检索出含有"够了"的几个例子:

(1) 好朋友不需要太多,三个就够了,一个肯借你钱,一个肯参加你的婚礼,另一个肯参加你的葬礼

[①] 本书对于"X 了"构式演化过程的解释,采用的是语法化理论,而非构式化理论,主要基于两点考虑。首先,构式化也是语言的一种动态演化过程,是"符号的形式——新意义新(组合)的创造,它形成了新类型节点,在说话人群体的语言网络里具有新句法或新形态及新编码意义"(参见 Traugott, E. C. and Trousdale, G. Constructionalization and Constructional Changes [M]. Oxford: Oxford University Press,2013:22-26.)。构式化与语言演变中的词汇化和语法化理论有关联。构式化理论的研究目的就在于对以往的语法化和词汇化理论研究进行重新审视和整合,从构式角度来阐释与语法化和词汇化相关的问题(Traugott & Trousdale,2013:1-2)。构式化过程分为词汇性和语法性两种,分别与语言演变中的词汇化和语法化现象相对应,但又不完全等同于传统的词汇化和语法化概念。词汇性构式化的输出端是词汇性的,而语法性构式化的输出端是功能性的(Traugott & Trousdale,2013:232)。由此可见,构式化研究的对象既有语法化现象,也有词汇化现象,而本书所关注的是尚未或并未词汇化的"X 了"构式。因此,对于这些尚未或并未词汇化的"X 了"构式的历时演变过程、动因和机制的解释,本书采用的是语法化理论。其次,伊丽莎白·克洛斯·特劳戈特和格雷姆·特鲁斯戴尔(Elizabeth Closs Traugott & Graeme Trousdale)(2013:27-29)指出构式化过程表现为"构式化前演化→构式化→构式化后演化",但理论主要关注的是构式化本身,而对构式化前、后演化的规律和机制等未予以更深入的探讨(参见彭睿.语法化·历时构式语法·构式化[J].语言教学与研究,2016(2):24.)。所以,本书运用语法化及其动因和机制对"X 了"构式进行阐释。

(2) 补充孕期营养 光靠食补就够了吗？
(3) 一吵架老公就说要分钱散伙 我真受够了
(4) 贝纳蒂亚：够了！关于我的转会传闻都是假的

例(1)中的"够了"，表示数量上满足需要了，充当小句的核心谓语。例(2)中的"够了"也是作谓语，但意义与例(1)不完全相同。例(2)的"够了"语义出现泛化，表示满足了、达到了，其主语不是表示数量概念的名词成分，而是数量概念不明显的行为动作。此外，我们还可以将例(2)理解为条件句型"只(要)……就够了"的变形，"光靠食补"是假设条件，"够了"是表示推理的谓语，带有典型的心理特征。所以，例(2)中的"够了"依然作核心谓语，但语义为抽象的满足。本书将这两例中表示满足的"够了"标记为"够了$_1$"。

例(3)中的"我真受够了"的语法成分应该解析为"'受够'+'了'"，而不是"'受'+'够了'"。在该例中，"够"是动词用作补语，补充说明前面谓语动词"受"的程度，表明"受不了了"，因此"够"的语义进一步虚化，仅表示程度，并隐含否定义。此时，"够"用作补语，语法功能呈虚化倾向。本书将这种用法的"够了"标记为"够了$_2$"。

例(4)中的"够了"既不是谓语，也不是补语，而是可以独立使用的话语标记，本书将这类用法标记为"够了$_3$"，其本义"（数量上）满足需要了"基本脱落，而否定含义凸显，表达说话人强烈的不耐烦或厌恶的态度。

从构式义的不可预测性来判断，"够了$_2$"和"够了$_3$"具有构式特征。

"够了"分为这3种用法，是其语义演变的3种形式，是其语法化过程中的具体表现。

由于"够了"由动词"够"和助词"了"组成,因此,我们有必要先梳理一下这两个语素的发展演变情况,然后再分析"够了"的语法化过程。

3.2 "够"和"了"的语法化

3.2.1 "够"的语法化

单韵鸣(2008,2009)曾经从方言研究的视角出发,提出广州话里的"够"可以用作语气副词,主观性很强;广州话里的副词"够"是由动词"够"经过词义的虚化、重新分析和主观化而来,表达贬抑之意。

《现代汉语词典》(2012)对"够"的解释是:"数量上可以满足需要;达到某一标准或某种程度;表示程度高;(用手等)伸向不易达到的地方去接触或拿取。"[1] 词典的解释是把"够"主要视为动词。《现代汉语八百词(增订本)》(1999)对"够"作副词的用法有明确说明:一是"修饰形容词,表示达到一定的标准,形容词只能是积极意义的,不能是相应的反义词";二是"修饰形容词。表示程度高,形容词可以是积极意义的,也可以是消极意义的,句尾多加'的'或'了'"。[2] 罗青松(1995)认为副词"够"是由动词"够"虚化而来的。

---

[1] 中国社会科学院语言研究所词典编辑室.现代汉语词典(第6版)[M].北京:商务印书馆,2012:461.
[2] 吕叔湘.现代汉语八百词(增订本)[M].北京:商务印书馆,1999:235.

但罗文并没有论及"够"的虚化历程。

《康熙字典》对"够"的解释是"聚也,多也",认为其用作形容词。"够"是会意兼形声字,从多从句(gōu),句亦声。"多"指份量大。在古汉语中,"句"(gōu)指弯曲。"多"与"句"联合起来表示数量大到(车辆、木架等的)承重木板开始弯曲。① 用作形容词的"够"并不多见,笔者在西晋文学家左思的《魏都赋》中摘得一例:

(5) 繁富夥<u>够</u>,非可单究。(西晋《魏都赋》)

笔者通过对北京大学中国语言学研究中心语料库的检索,发现在古代汉语中,动词"够"是个通假字,其最初的形式是"勾"(gòu)②,表示数量上可以满足需要,该用法最早在宋代《错斩崔宁》中出现过:

(6) 将这十五贯钱给还原主,也只好奉与衙门中人做使用,也还不<u>够</u>哩。(宋代《错斩崔宁》)

从及物性来看,动词"够"可以用作一价动词,如例(6),无需后接宾语;也可用作二价动词,需要后接宾语,如例(7)中的"斋粮"。

(7) 这钱也难买柴薪,不<u>够</u>斋粮,且备茶汤。(元代《西厢记》)

---

① 沈克成.书同文——现代汉字论稿[M].上海:上海画报出版社,2008:377.
② 为行文方便,文中所举例子,凡涉及"够"通假"勾"(gòu)的情况,"勾"统一表述为"够"。

（8）你若打得上这个主儿，不但名声好听，也够你一世受用。（明代《警世通言》）

（9）你莫说别项，只王公子三万银子也够买三百个粉头了。（明代《警世通言》）

在例(8)和例(9)中，动词"够"的语义出现泛化现象，其后接成分超越名词范畴，不仅可以连接具体的事物，还可以搭配一些动词性成分。这符合人类的认知隐喻规律（隐喻就是用一个相似的概念来表达另一概念，从较具体的向较抽象的方向演化①）。

当动词"够"和动词性成分"受用"和"买"连用后，出现了"够V"组合形式。这种组合关系会带来一种可能的句法结果：动词"够"和动词"V"竞争核心谓语，"够"在句中充当中心谓语的地位被动摇；动词"够"处于动词"V"的前面，与动词前的状语处于相同的句法位置。语言表层结构相同，但其内部结构因语用或其他原因被重新划分边界，从而从底层改变了音位、词法、句法的结合方式。② 这样，"够V"被重新分析（reanalyze）的可能性大大增强。但例(8)和例(9)中的两例"够"的动词性还比较强，因为在后接宾语中，数量短语"一世"和"三百个"与动词"够"的本义相吻合，在一定程度上遏制了"够"的语法化进程。

同理，当"够"出现在"V够"结构式中时，动词"够"经过重新分析，有可能用作补语，如例(10)和例(11)。

---

① 王寅.认知语法概论[M].上海：上海外语教育出版社，2006：138.
② 王寅,严辰松.语法化的特征、动因和机制——认知语言学视野中的语法化研究[J].解放军外国语学院学报，2005(4)：4.

(10) 东老坐间,看见户橡旁边立着一个妓女,姿态恬雅,宛然闺阁中人,绝无一点轻狂之度。东老注目不瞬,看够多时。(明代《二刻拍案惊奇》)

(11) 当日把玄玄子夹得一佛出世,二佛生天,又打够一二百榔头。(明代《二刻拍案惊奇》)

当进入"够+形容词""够+动词/形容词+的/了"和"V 够了"结构式中时,"够"用作状语和程度补语,并经历语法化。关于"够了"的语法化,本书将在第3.3节中进行论述。

3.2.2 "了"的语法化

学界一般认为虚词"了"(le)由动词"了"(liǎo)演变而来,演变路径是:完成动词"了"——时态助词或体标记"了"——语气词"了"。其中,动词"了"表达了结之意。时态助词"了"和语气词"了"具有不同的语法功能和句法位置,前者表示动作的完成或者性质的变化;后者用在句末,表明一种确定的语气。

从汉语史来看,表示了结之意的动词"了"与最早文献中的"了"没有关联。《说文解字》对"了"的解释为:"了,尥也。从子无臂,象形。"段玉裁的《说文解字注》(1981)对"尥"的解释是:"尥,行胫相交也。牛行脚相交为尥。凡物二股或一股结纠绵缚不直伸者,曰了戾。"显然,最早出现于先秦时期的"了"有纠结、交缠的含义。但潘维桂和杨天戈(1980)认为,先秦时期表纠结之意的"了"与汉代末期至魏晋以后广泛运用的表了结之意的"了"不是同一个词语,两者之间属于假借关系。此外,"了"在魏晋时期出现表示了解、明白之意的用法,如晋代郭璞《尔雅序》中的"其所易了,阙而不论"。表示该意义的"了"与表了结之意的"了"没有历史关联。

"了"作动词,可以表示终了、了结的意思。《广雅·释诂四》中说:"了、阕、已,讫也。"王力(1980)提供了该用法最早的一个例子:

(12)晨起早扫,食了洗涤。(汉代《僮约》)

梅祖麟(1981)对此持不同看法,他认为《世说新语》是研究南北朝语言最重要的资料,而表示了结之意的动词"了"在该著中只有3例,所以"王褒(卒于公元50年以前)到刘义庆(403—444)的400年之间,可引的实例只有3个,不免令人费解"。① 因此,他对《僮约》的写作年代的真伪表示怀疑。

但据张成进(2013)的考察,表示了结之意的动词"了"在汉代时就已出现,尤其是在汉代汉译佛经文献中较为常见,如例(13)。而且这个时期的动词"了"还引申出完全之意,用作程度副词,如例(14)。②

(13)已弃恶本。无淫怒痴。生死五阴诸种悉断。无余灾(薛/女)所作已成。智慧已了。(后汉西域沙门昙果共康孟详译《修行本起经卷下》)

---

① 梅祖麟.现代汉语完成貌句式和词尾的来源[J].语言研究,1981(1):67.
② 张成进.现代汉语双音介词的词汇化与语法化研究[D].安徽大学博士学位论文,2013:84.

(14) 天中天。作是求为无所求。何以故。是法了不可得。亦不可见。(后汉月支国三藏支娄迦谶译《道行般若经》卷第六)

古汉语中,在动词"了"之前,还有几个表示了结之意的动词,如"竟、讫、已、毕"。梅祖麟(1999)对完成貌句式"动+宾+完成动词"进行了历时考察:战国时,完成貌句式由"已"构成;汉代最常见的完成貌句式中仍然含有"已",但"讫、竟、毕"也开始进入完成貌句式;南北朝时期依然是"动+宾+已/讫/竟/毕";西晋时期,动词"了"偶见于完成貌句式;到了唐代,"了"逐渐代替其他完成动词,进入"动+宾+了"这个完成貌句式框架。潘维桂、杨天戈(1980)统计了"了"作补语的用法,结果显示"了"在魏晋南北朝时期很少出现,但到了五代时期逐渐流行开来,"在变文中共194例,占总数254例的五分之四。"①

潘允中(1982)认为到了唐代,最初动词词尾"了"的实词性完全虚化。但是,进入"动+宾+了"句式,并不意味着动词"了"完成了虚化过程。梅祖麟(1981)认为,通过词汇兴替手段,动词"了"淘汰其他完成动词"竟、讫、已、毕",进入"动+宾+完成动词"结构式,但这种词汇替换手段只能将演变过程解释到唐代的"动+宾+了"这一阶段,以后还需要再发生"动+宾+了"的结构变化,才能形成现代的"动+了+宾"。吴福祥(1999)则明确指出,动词"了"在"动+宾+了"结构式中只是趋于虚化,但仍是完成动词,只有将

---

① 潘维桂,杨天戈.魏晋南北朝时期的"了"字的用法[A].语言论集(第1辑)[C].北京:中国人民大学出版社,1980:24.

"了"的位置由宾语之后挪到动宾之间,才可以认为是完成体助词。所以,吴福祥(1999)认为,具有典型意义的动态助词"了"要到唐代之后的宋代才出现。

至于"形容词+了"结构式中的"了"的用法,太田辰夫(1987)有所论及,他认为"了"置于形容词之后,表示变化,与放在动词后面的"了"的用法相比,可能产生得晚些。①

(15)时来未觉权为崇,贵了方知退是荣。(唐代《和仆射牛相公寓言二首》)

综上,学界对动词"了"向助词"了"虚化的具体方式和时间节点还有一定的分歧,但总体认为动态助词"了"的虚化时间是在唐宋时期。

齐沪扬(2013)对"了"的演化路径作了一个比较全面的概括:动词"了"表示终了、完毕之意,与"已、讫、毕、竟"等动词意义相当,但通过词汇竞争和替换,出现在"动+宾+了"格式中,"了"的词义泛化。受其句法位置变化的影响,动词"了"的位置移到宾语前,形成"动+了+宾"结构。同时,"了"的词性发生虚化,演化为表示抽象的完成之意的时态助词。而未作前移的"了",则逐渐从表示终了或完毕的意思虚化为表示事态变化的意思。"了"直接完成向语气词的转化。②

---

① 太田辰夫.中国语历史文法[M].蒋绍愚,徐昌华,译.北京:北京大学出版社,1987:211.
② 齐沪扬.语气词"的"、"了"的虚化机制及历时分析[J].忻州师范学院学报,2003(2):32.

根据"了"的语法化过程,笔者建构了一个"了"的语法化斜坡(cline):

表了结之意的动词 > 完成体标记 > 语气词

在这个斜坡中,符号">"表示语法化程度从左到右渐次提高,词汇意义越来越虚,到最右端已经完全虚化,只表示语气意义。

3.3 "够了"的语法化

语法化是指:"语言中意义实在的词转化为无实在意义、表语法功能的成分这样一种过程或现象,中国传统的语言学称之为'实词虚化'。"① 汉语动词"够"的本义是指数量上可以满足需要,与助词"了"连用后,形成"够了"形式。"够了"从核心谓语动词,演变为补语成分,最后成为表达特定语气的话语标记,经历了语法化历程。

3.3.1 "够了"的语义演变②

3.3.1.1 够了$_1$:表示满足

太田辰夫(1987)认为助词"了"附着在动词后面的例子从唐代开始就能见到,但那时,"了"和动词结合得还不紧密。就动词"够"的具体用法而言,其与"了"的共现最早出现在唐代以后的宋代,亦

---

① 沈家煊."语法化"研究综观[J].外语教学与研究,1994(4):17.
② 本节部分内容在《语言教学与研究》2014 年第 4 期发表,论文题目为《"够了"的语义演变与语法化》。

即在宋代《错斩崔宁》中出现过一例：

(16)"自古道：'瓦罐不离井上破，将军难免阵中亡。'你我两人，下半世也够吃用了，只管做这没天理的勾当，终须不是个好结果……"（宋代《错斩崔宁》）

在例(16)中，动词"够"与"了"的共现还只是一个松散结构，其中用在句尾的"了"表示陈述语气。

动词"够"与助词"了"连用，形成"够了$_1$"结构，有两种具体的用法。第一，"够了$_1$"作谓语，具有及物性，后接宾语，其中"了"是完成体标记，表示一个动作的完成，意思是数量上达到了或满足了。例如：

(17)我杀便杀了，我试看咱：一包袱金珠财宝！罢、罢、罢，也够了我的也。不杀王员外了，背着这包袱，跳过这墙去，还家中去也。（元代《钱大尹智勘绯衣梦》）

第二，"够了$_1$"仍然作谓语，但表现出较强的不及物性，经常出现在句尾，其中"了"是语气助词。例如：

(18)（驾云）那壁哥哥，你慢慢的饮几杯，俺三人酒够了，俺先回去来。（元代《好酒赵元遇上皇》）

(19)（净王秀才云）姑夫，要偌多做甚么？则一千贯也够了。（元代《施仁义刘弘嫁婢》）

"够了$_1$"作谓语，表达"数量满足了"这个意思的动词性功能凸显，描写说明的对象是具体事物。这些具体事物多数和满足人身体基本需要的衣食住行有关,可以量化,有较明显的数量特征。

"够了"的用法继续发展,其管辖范围突破具体事物名词的界限,也可以用来修饰说明行为动作,出现"V+够了"的主谓结构。例如:

(20) 小的们,打些酒来,我与奶奶吃一杯。你来,我和你说,你休打多了,则打两盏儿来<u>够了</u>。(元代《布袋和尚忍字记》)

例(20)的主语是"打两盏儿来",其中"两盏儿"的数量概念依然清晰,但主语中的核心成分是动词短语"打……来",已不是名词结构。所以,从搭配语义的视角来看①,"够了"开始出现语义泛化倾向。

到了明清时期,"够了$_1$"语义的泛化特征更加明显。

(21) 孝基又道:"夜里到不消得,只日里不偷工就<u>够了</u>。(明代《醒世恒言》)

例(21)是条件句式"只(要)……(就)够了"的具体运用。"只日里不偷工"是假设条件,"(就)够了"是表示推理的谓语,前者是后者的充分条件,不是必要条件。在这种句式中,"够了"总是后置,处于句尾,表示前面的条件一旦得以实现,就可以满足需要了,达到要求了。显然,这种"需要"和"要求"带有典型的心理特征。

(22) 亏了福神相救,也不枉了小人这苦肉计,保全老爷回家<u>够了</u>,还要起这等念头!(清代《醒世姻缘传》)

---

① 利奇.语义学[M].上海:上海外语教育出版社,1987:24.

例(22)的主语"保全老爷回家"是动词短语,其数量概念脱落,这种行为动作表示一种愿望,是"够了"实现的条件。我们可以模仿例(21)的条件句式,将例(22)的句子改写为"只要保全老爷回家就够了"。

从表达具体满足之意到表示抽象满足之意,"够了$_1$"的语义泛化符合人类的认知规律。人类的大部分抽象概念是在身体体验的基础上通过隐喻建构的。"隐喻是两个经验领域里两个概念的映射"①,是始源域向目标域的投射,即人们借助具体且熟知的始源域理解复杂且抽象的目标域。具体而言,在始源域中,"够了$_1$"表示具体满足之意时,只描述可以量化的具体事物,这些具体事物主要涉及满足人类身体需求的衣食住行等。在目标域中,表示抽象满足之意的"够了"所处的语境扩大,"满足"或"达到"的数量特征逐步淡化,不仅可以说明无数量特征的行为动作,而且还可以构成"只要……就够了"的条件句式。在该条件句式中,"满足"或"达到"的心理认知特征逐步显现,最初数量上满足的客观标准让步于心理上满足的主观标准,表达出主观的情态意义,是一个主观化过程。

3.3.1.2 够了$_2$:表示极限程度

在"V+够了$_1$"这个主谓结构中,动词"V"作主语,"够了$_1$"作核心谓语。换言之,利用作谓语的"够了$_1$"来说明前面的动词结构"满足了、达到了"的状态或动作。"V+够了"结构经过重新分析,形成"V够了"动补结构。在"V够了"结构中,"够了"用作补语,修饰谓语"V",表示程度。例如:

---

① 刘正光.隐喻的认知研究——理论与实践[M].长沙:湖南人民出版社,2007:57.

(23)许公见骂得<u>够了</u>,方才把莫稽扶起。(明代《喻世明言》)

在例(23)中,助词"得"的使用已经将"够了"显性标记为非谓语成分了。"够了"由核心谓语动词变为谓语动词的补语,其动词性功能明显减弱。同时,"够了"表示前面的动作"骂"完成的程度,表明"骂"的动作行为达到了心理满足的程度。此外,"够了"与后续的"方才把莫稽扶起"连用,更凸显"骂得"达到了一种极致的程度,暗含"不想骂了"的否定含义。

同理,在例(24)中,"够了$_2$"作补语,说明谓语动词"赢"的程度。同时,该例中的"够了"与后接成分"歇手吧"连用,带有规劝的意思,表明赢钱的数目已经达到了一定物质需求或精神需求的极限,暗示"不要再贪图了"的否定意义。

(24)郑十将沈将仕扯一把道:"赢<u>够了</u>,歇手罢!"(明代《二刻拍案惊奇》)

"够了"的语法功能降为补语,语义上表现为"够了$_2$"。"够了$_2$"呈现两个特点:一方面,表明所修饰的行为动作已经达到了一定的生理需求或心理需求程度。这是认知隐喻作用于"够了",使其进一步语义泛化的结果。另外一方面,和"够了$_2$"同现的上下文语境,尤其是后续成分,表明所达到的这种程度通常是一种极限程度,到了这个极限程度就应该停止"够了"所修饰的行为动作。如果过了这个极限则意味着否定,所以动补结构"V 够了"在语义层面可推导出"不想再 V 了"或"不要再 V 了"的含义。

3.3.1.3 够了$_3$：表示否定态度

"够了"作谓语或补语,通常表现为位置后移。在言语交际中,由于语言的经济原则,为了避免重复,"够了"所描述的对象往往被省略掉,于是出现"够了"独立使用的现象,但交际双方可以根据语境将"够了"的结构和信息进行完形处理。如例(25)中的"够了"作谓语,句法结构可以还原为"那两垛够了"。

(25)张立道:"预备下了。你看靠着篱笆那两垛可<u>够了么</u>?"史云瞧了瞧,道:"<u>够了</u>,够了。还用不了呢……"(清代《七侠五义》)

省略结构中的"够了"的使用形式与"够了$_3$"相似,但语法功能和语义截然不同。"够了$_3$"经常出现在句首,用作话语标记,表达说话人不耐烦、厌恶的感情色彩,是对对方话语表达的否定。同时,"够了$_3$"的有无不影响句子的语法结构,也不影响句子的语义。

(26)智化又装傻道:"爹呀,咱有了银子咧,治他二亩地,盖他几间房子,买他两只牛咧。"王头儿忙拦住道:"<u>够了</u>,够了。算了罢!你这二两来的银子,干不了这些事怎么好呢?没见过世面。治二亩地、几间房子,还要买牛咧、买驴的,统共拢儿够买个草驴旦子的。尽搅么!明日我还是一早来找你。"(清代《七侠五义》))

在例(26)中,"够了"不能视为语句"二两银子够了"的省略形式,因为"二两来的银子"显然不够治二亩地,盖几间房子,买两头牛。这里的"够了"应为"够了$_3$"的用法,表明说话人不耐烦的态度。此外,"够了$_3$"与"算了吧"连用,否定意义更加凸显,更加强烈。

(27) 诗人内心的声音:"够了,白露,够了,不要再缠在一起了。"(曹禺《日出》)

(28) 玳珍摇手道:"够了,够了,少说两句罢。"(张爱玲《金锁记》)

例(27)和例(28)中的"够了$_3$"作为话语标记的用法更为明显。根据学界对话语标记的概括,"够了$_3$"有如下特征:处于句首,可以重复使用,也可以单用,用标点符号隔开,语音上具有可识别性,表示明显的停顿和强烈的语气;"够了$_3$"的有无不影响语句语义的完整性和句法的合法性;"够了$_3$"具有照应前面语篇的功能,但不是简单地重述先前话题,而是表达说话人对先前话题的否定态度,说话人带有明显的不耐烦、厌恶的情绪;"够了$_3$"后续的语句多为否定句,这些否定句凸显"够了$_3$"的否定功能。

"够了$_3$"则是"够了"语义进一步虚化的结果,是"够了$_2$"隐性否定功能的进一步巩固和发展。这种语义虚化除了与人类的认知水平有关,还与人类的需求心理有关。

马斯洛(1987)提出需求层次理论,认为人的行为是在需要的基础上,在动机的驱使下产生的,需要是以宝塔式的层次形式出现的,由低级的需要开始逐级向上发展到高级的需要。[①] 他将人的

---

① 马斯洛.动机与人格[M].北京:华夏出版社,1987:106—108.

需要归纳为5个层次，从低到高依次为：生理的需要、安全的需要、归属的需要、尊重的需要和自我实现的需要。马斯洛认为，当人的一个低层次需要得不到满足时，这个层次的需要就成为激励他/她追求的力量；当一个层次需要得到满足后，便出现高一层次的需要，而前一个层次的需要就不再成为激励因素了。

如前文所述，人类通过隐喻认知的方式，使得"够了"的管辖范围逐步扩大，既可以描述具体事物，也可以说明行为动作，还可以表述抽象条件的推理。从物质，到行为，到心理、精神层面，各个层次的需求都可以被"够了"所修饰。当某个层次的需求"够了"之后，人们一般会追求更高层次的需求，自然会对已经满足了的需求产生厌恶、不耐烦的情绪。所以，"够了"引申出厌恶、不耐烦的否定含义就顺理成章了。

3.3.2 "够了"从肯定含义到否定含义的演变与语用推理

"够了"最初的语义是肯定的，而话语标记"够了"表达否定之意。"够了"的语义是怎样从肯定转向否定的？除了前文所提到的语义泛化及人的需求心理机制以外，笔者认为语用推理对于"够了"的意义否定化也起到了推动作用。

沈家煊（2004）认为，语义演变涉及推理，这种推理是一种"不过量准则"的语用推理，在逻辑上则属于"回溯推理"。[①] "够了"的语义演变大致经历了这样的语用推理过程：（1）事理上，某动作行为或条件满足说话人期望的话，该动作行为或条件便可结束，不再

---

① 沈家煊.语用原则、语用推理和语义演变[J].外语教学与研究,2004(4):245.

被说话人所需要;(2)事实上,听话人在从事某种行为,或某种条件正在实现中,说话人说出了表示满足之意的"够了";(3)结论是,我们根据不过量准则,可以推测说话人表达"不再需要(当前行为或者条件)"这一否定的特殊隐含义(particularized conversational implicature)。特殊隐含义的推导过程是在特定语境中进行的,但随着其被高频使用,隐含义变得被人熟知,不再依赖语境,特殊隐含义就会变成一般隐含义(generalized conversational implicature),并进一步固化,成为新的语言形式的固有义了。①

(29)康九爷说:"我们听人说,你新近接了一个人来,叫赛雅仙白牡丹,叫出来我们看看。"内老板说:"哟!九爷,你再别提啦,要提起接的这个人来,话可就长了。……自到我家,琵琶弦子、时兴小曲,他不但不学,他还有气。我要打他,他一纵身出去,就上了房子。我还得与他说好话,他才下来。天天头也不梳,脚也不裹,终日间悲悲惨惨,把两只眼都哭肿了。在后面他穿着两件旧衣裳。他还会写字呢,写了好些对子。你们二位不必见他,瞧见就够了。"九爷说:"无妨,带着我们三爷去到后边瞧瞧去。"(清代《康熙侠义传》)

对例(29)中的"够了"可以有两种理解方式。第一种属于常规理解:基于条件句式"(只要)……就够了",对"够了"作肯定性理解,"够了"表达满足之意,相当于"就行了"或"就可以了"。第二种

---

① 沈家煊.语用原则、语用推理和语义演变[J].外语教学与研究,2004(4):247.

属于特殊理解：语境信息"九爷，你再别提啦"表明说话人对之前所提到的赛雅仙白牡丹极其不满。语境信息"天天头也不梳，脚也不裹……"表明这个女子现在甚是邋遢，不宜见人。所以"瞧见就够了"可以推导出否定意义"瞧一眼就忍受不了了，不想再瞧第二眼了"。否定陈述句"你们二位不必见他"更加凸显"够了"的这种否定意义。此外，以"无妨"作为回答，表明听话人理解了"就够了"所传递的信息具有否定意义。

（30）"我没必要告诉你我来干什么。"我声色俱厉地对她说，"我一看见你<u>就够了</u>。"（王朔《痴人》）

（31）"不行！心里想着多好吃，一闻到味道<u>就够了</u>。真对不起，妈，我想吃的那一阵子早过去了。"丽鹃面色惨白。（六六《双面胶》）

在例（30）和例（31）的特殊语境中，处于句末的谓语"就够了"经过语用推理，可推导出具有忍受不了或不行、不可以等否定意义。①

当"够了"出现在程度补语位置或者用作话语标记时，其否定义逐渐稳固下来，成为固有义。语用推理的产生源于语言的经济性和丰富的表达功能。人们在说话时，总想用有限的词语传递更

---

① 需要指出的是，有语料表明"就够了"具有词汇化倾向，如例（30）和例（31）。再如："我根本不想管你，也不想回这个家，一看你拉着两尺长的脸我<u>就够了</u>！"（张欣《爱又如何》）这些语料中的"就够了"表否定意义。"就够了"从最初的肯定意义表达到后来的否定意义表达，表现出意义的不可预测性，所以"就够了"具有构式特征，但目前还没有检索到省略"就"之后的"够了"用作谓词时具有否定意义的语料。

多的信息,包括说话人的态度和感情。① 所以,语用推理有助于我们理解"够了"的否定意义的推导过程和固化现象。

3.3.3 "够了"的语法化路径

从前文分析中,我们可以看到:"够了$_1$"在句中作谓语时,表示具体的满足之意。其移至句尾时,主语的范围突破具有数量概念的具体名词范畴,出现了动词性成分作主语的现象,"够了$_1$"则更多地表达抽象的满足之意。在"只(要)……(就)够了"句式中,"够了$_1$"的主语由小句充当,由于小句中原本就含有谓词,"(就)够了$_1$"就不再是句子的焦点,致使"(就)够了"的语义由实变虚,和原来主语的关系变成了和整个小句的关系,"(就)够了$_1$"在形式上开始游离于句子之外,倾向于表达对整个句子的主观评价。当"够了$_1$"的主语,特别是作主语的小句因为语言经济原则被省略掉后,"够了$_1$"的语义和语法功能变得更虚,形式上独立使用的"够了$_1$"为话语标记"够了$_3$"的形成提供了句法环境。

从"够了$_1$"到"够了$_2$"是"够了"句法功能的扩展。在"V 够了"结构式中,"够了$_2$"表示极限程度,具有否定意义倾向。这种具有否定倾向的"V 够了"还会受到语境信息的影响,产生否定的搭配语义。例如,在前文例(23)和例(24)中,具有否定意义的副词"方才"和动词短语"歇手"对"V 够了"的结构式语义产生了影响,分别表达"不想骂了"和"不要赢(钱)了"的意思。当"V 够了"中的动词"V"省略后,具有否定意义倾向的"够了$_2$"在形式上独立使用,为

---

① 沈家煊.语言的"主观性"和"主观化"[J].外语教学与研究,2001(4):271.

话语标记"够了₃"的形成提供了句法环境和语义准备。①

至此,我们可以将"够了"的语法化路径大致刻画如下:

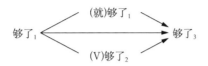

图 3.1　"够了"的语法化路径

本图显示"够了"的语法化有 3 种可能的路径:"动词'够'＋体标记'了'"是"够了"语法化的直接源头;"(就)够了₁"和"(V)够了₂"是另外两种演化路径。

3.4 "够了"的话语标记形式②

3.4.1　对话语标记"够了"的识别

(32) 二爷不待女人应允便哼起这首"不稀奇"歌:要是你看见公鸡忙下蛋母鸡在打啼不要说稀奇,不要说稀奇;要是你看见山羊在拉车兔子在耕地,不要说稀奇,不要说稀奇;要是你看见猫儿在请客老鼠来赴席,不要说稀奇,不要说稀奇。"<u>够了</u>,别唱了！别唱了！"女人终于忍

---

① "V 够了"的结构层次是"V 够｜了",在经济原则和双音化作用下,动词"V"省略后,"够"和"了"的句法界限消失,形成跨层结构"够了"。具体论述见第 6.1 节和 6.2 节对"X 了"双音构式的语法化动因和机制的分析。
② 本节部分内容在《安徽大学学报(哲学社会科学版)》2015 年第 5 期发表,论文题目为《话语标记"够了"的语境特征及语用功能》。

无可忍,喊道。(尤凤伟《石门夜话》)

语篇中,二爷丝毫没有倦意,谈兴不衰,说完一番话后,又哼起"不稀奇"歌。在此背景下,女人喊"够了",是对二爷的话语作出的反应,表达了她内心十分不耐烦的情绪。"够了"的后文"别唱了"是一个否定表达,且以重复的形式对"够了"起到了语境建构作用,进一步明确和加强"够了"所要表达的语气。其次,如果省略掉"够了",后续话语"别唱了"的语义仍然明确,句法合理性不受任何影响。第三,"够了"出现在句首,用标点符号隔开,有明显的停顿,具有独立的语法性,显示出强烈的语气和较高的调值。

话语标记"够了"经常出现在句首,但偶尔也出现在句子的中间和结尾处。例如:

(33)"你,亲爱的人!愿意自己的丈夫死吗?你愿意年轻轻的当寡妇吗?<u>够了</u>,这些太可怕了!春玲,我心上的花!打仗的人有的是,少我一个革命一样成功。"在孙若西倾诉衷肠的同时,春玲的心里很快燃起熊熊的怒火。(冯德英《迎春花》)

(34)谢丽娟的声音突然变得尖厉起来,她冲动地说:"杀了人还要验明正身么?还要检验一下刀口的图案美不美么?<u>够了</u>!"(李佩甫《羊的门》)

此外,话语标记"够了"要与省略结构中的"够了"区别开。语言表达的经济性或省力原则使得在一定的上下文中用作谓语的"够了"省略成光杆形式。交际双方利用已知信息可以完全处理被省略的信息,从而不影响交际的顺利进行。

(35) 洛寒说:"现在做成三十只大木筏,每只上面可坐二十五人,合计能装七百五十人左右。若是不够用,还可以做几只。"张一化说:"够了,足够了!"(李文澄《努尔哈赤》)

(36)"够了,这三枝就够了,"鸣凤欢喜地说。(巴金《家》)

例(35)和例(36)中的"够了"均不是话语标记,而是用作谓语,分别省略了主语"三十只大木筏"和"这三枝(花)"。省略结构中,"够了"的语法功能和语义对于句子来说是不可或缺的。

3.4.2 话语标记"够了"的话轮标记形式

话轮(turn)是哈维·萨克斯、伊曼纽尔·A. 谢格洛夫和盖尔·杰斐逊(Harvey Sacks, Emanuel A. Schegloff & Gail Jefferson)(1974)提出的重要概念。刘虹(2004)提出了衡量话轮的两个标准:一是说话者的话语是否连续,即在一个语法语义完成序列的末尾有无沉默。如有沉默,那么说话者的话就不止一个话轮。二是是否发生了说话者和听话者的角色互换。如果发生,就标志着一个话轮的结束和下一个话轮的开始。[①] 话语标记"够了"能够标记话轮的开始、转换或结束。

---

① 刘虹.会话结构分析[M].北京:北京大学出版社,2004:46.

3.4.2.1 话轮起始标记

在言语交际中,人们常用话语标记来充当话语起始成分,表示自己有话要说,如英语中的"well""I think"和汉语中的"我嘛""我认为"等。前文所举例子已经表明,话语标记"够了"经常出现在话语开头,标志着说话人开始发话。

有时,尤其当多人同时参与话语交际时,说话人为了明确话语指向,将其中某个交际对象的称谓置于"够了"之前,和"够了"一起起到话轮起始标记的作用。

(37)永继奶奶哭起来:"老砍头的!小砍头的!我早说过你们一个个不得好死!……"

蓝虎问嫂子:"永继婶子娘儿俩还住后院?"

永继妈说:"你没见她?她走了几年了。她说要先去看你的。"

永继奶奶又骂:"小砍头的!早知道老婆孩子金贵就好了!"

永继说:"奶奶!够了!够了!你老人家歇歇吧!二叔才到家,你想骂死他吗?刚才还念叨他,现在怎么这个样子?"(戴厚英《流泪的淮河》)

在例(37)中,多年没有回家的永继二叔蓝虎突然出现在家人面前,永继奶奶是又气又喜,嘴里骂着儿子蓝虎多年不归,心里却是十分疼爱。永继奶奶话轮之后插入了蓝虎和永继妈之间的对话序列,然后永继奶奶又继续骂起来。此时,永继使用称谓语,将话语直接指向自己的奶奶,同时,以"够了"为标记形式开启自己的话语。

3.4.2.2 话轮转换标记

在会话过程中,某一参与者不可能无休止地占据发话者的地位,而是由各会话参与者交替发话。一方结束话语,另一方开始发话,发话人发生变更,话轮开始转换。常见的夺取话轮的策略包括恰当加尾、尾部建议、异口同声/随声附和、补充语义和使用礼貌插入语。① 受话人想发话而又难觅其机时可采取插入或打断的策略,尽管这种作法会被认为是鲁莽的。②

从话轮转换时机来看,"够了"往往发生在对方尚未完成相关行为动作或言语活动时就被强行打断,迫使对方不得不被动让出或放弃话轮。

(38)(晓霜不见了,江浩向哥哥江淮正描述着晓霜的样子。)

"够了。"江淮做了个阻止的手势。他的脸色松弛了,似乎从个什么大恐惧中解脱出来,他的精神振作了一下,眼光又奕奕有神了。"不用再描写下去……"(琼瑶《雁儿在林梢》)

在例(38)中,江淮不仅说出"够了"来打断江浩的话语,还做了个阻止的手势,从而完成了话轮的转换。又如:

---

① 何兆熊.新编语用学概要[M].上海:上海外语教育出版社,2000:310—312.
② 张廷国.话轮及话轮转换的交际技巧[J].外语教学,2003(4):26.

(39)王仲民说:"'师指'当时并没危险,二团为什么摆出救人的架势,这倒是个疑问。"

简凡急了,"王团长,你这是什么意思?"

陈皓若再也听不下去了,一拍桌子喝道:"够了!太不成话。你们都该洗洗脑子。整顿工作暂停。等传达过军委扩大会议精神再搞。"一个人大步朝外面走去。(柳建伟《突出重围》)

在话轮转换中,比较典型的前后话轮关系是毗邻应对(adjacency pair)关系。毗邻应对是指两个不同的发话人所发出的两个相关话段的言语结构。① 从毗邻应对视角来看,例(39)中的第一个话轮转换十分自然,下一个话轮本该是王团长来转接,但是军长陈皓若显然对几位师级和团级干部的对话很不满意,于是"一拍桌子喝道:'够了!'",以强行打断的方式来插入自己的话语。

3.4.2.3 话轮结束标记

前文指出,话语标记"够了"的位置多数出现在话语开头处,但偶尔也会出现在结尾处,其语用功能往往是预示该话轮的结束。我们将例(34)的话轮展开,扩充为例(40):

(40)呼国庆说:"我知道你不会原谅我。我也不期望得到你的谅解。我只是、只是……想来看看你。我伤你伤得太重了。"

---

① 黄国文.语篇分析的理论与实践——广告语篇研究[M].上海:上海外语教育出版社,2001:8.

        谢丽娟的声音突然变得尖厉起来,她冲动地说:"杀了人还要验明正身么?还要检验一下刀口的图案美不美么?<u>够了</u>!"说到这里,她接连吸了两口烟,等情绪稍缓下来的时候,她又陌然地说:"对不起,我不该对你这样。呼书记。"(李佩甫《羊的门》)

在例(40)中,谢丽娟连用两个反问句来表达自己强烈的愤怒,已经较为完整地表达了自己的观点和看法,最后再以"够了"来结束自己当前的话轮。不过,该例比较特殊的是:后来,谢丽娟接连吸了两口烟,"情绪稍缓下来",意识到自己失态,又重新接上了话轮。

3.5 小结

动词"够"和助词"了"从松散结构,到连用,再到凝固为话语标记,经历了语法化过程。"够了"的语义有3种:"够了$_1$"表满足之意,分为具体满足和抽象满足两种;"够了$_2$"表极限程度;"够了$_3$"表否定态度,用作话语标记。"够了"的语法化途径有3种:"动词'够'+体标记'了'"是话语标记"够了$_3$"的直接源头;句式"……就够了"和动补结构"V够了"为"够了$_3$"的形成提供了句法环境。

话语标记"够了"具有可识别性,一般出现在话语开始处,多用标点符号隔开,标记着话轮开始或者话轮转换。在少数情况下,"够了"出现在话语结尾处,表示话轮结束。

"够了$_1$"表满足,基本上是构成成分"够"和"了"的语义叠加。

它最初表达客观意义,后来逐渐呈现意义的主观性。"够了$_2$"和"够了$_3$"分别表达极限程度和否定态度,这些意义从成分义很难直接推导出来,且这些意义的主观性呈递增趋势。换言之,"够了"用作构式,其程度义和否定义的主观性相较于最初意义的客观性具有不可预测性。

从构式发生的语言层次来看,"够了"用作构式,主要表现为程度补语"够了$_2$"和话语标记"够了$_3$"。

第四章 "糟了"构式的语法化及话语标记形式

4.1 引言

在现代汉语共时平面上,"糟了"这一组合形式有以下几种用法:

(1) 顾炎林:我们那个鸡烧好以后放在酒糟。我们绍兴特产的酒糟,放在鸡里面糟,一层鸡一层糟,糟了以后七天才能吃。(中央电视台《乡约——小吃方便,人生改变》2008年2月18日)

(2) 您用了一套手腕去对付她,就跟您平日对付同行的艺人那样,这就糟了嘛。(老舍《鼓书艺人》)

(3) 这事情弄糟了,人家不知道什么时候在阎司令长官那里告上状,说县政府借故没收了他们的产业,阎司令长官来电申斥了我一顿,还叫把人家两个的产业如数发还。(赵树理《李家庄的变迁》)

(4) 鸿渐忙伸手到大褂口袋里去摸演讲稿子,只摸个空,慌得一身冷汗。想糟了!糟了!怎会把要紧东西遗失?家里出来时,明明搁在大褂袋里的。(钱钟书《围城》)

在例(1)中,"糟了"是由动词"糟"加上动词体标记"了"组合而成的动词短语,在小句中作谓语,表示放在酒糟里腌制之意,是一个具体的行为动作。例(2)中的"糟了"是形容词"糟"和语气词"了"的结合,用作小句的核心谓语,表示糟糕。例(3)中的"糟了"实质上是"V糟+了"结构式中的成分,"糟"表示动词"V"的不好的结果,和语气词"了"虽不在同一句法层面,但我们可以粗略地将它们一起视为"V"的补语。① 在例(4)中,"糟了"是话语标记,表达说话人的否定态度或消极评价。

根据语义和语法功能,我们将"糟了"作动词短语、形容词短语和话语标记的3种用法分别标记为"糟了$_1$""糟了$_2$"和"糟了$_3$",其对应的意义分别是糟蹋、糟糕和醒悟。

"糟了"由动词"糟"或形容词"糟"加上助词"了"构成。因此,在本小节中,我们先梳理"糟"的发展演变情况,然后再分析"糟了"的语法化过程。②

4.2 "糟"的演变

《说文解字》中写道:"糟,酒滓也。""糟"最初作名词,表示造酒剩下的渣子、酒糟或者未去渣的酒,后来指劣质的或不好的东西。

---

① 在"V糟了"结构式中,"糟"和"了"本不在同一句法层面,不是直接成分,属于跨层结构。当动词"V"省略后,"糟+了"表示该动作完成的结果意义就大为减弱,"糟+了"原本负载的意义由实变虚,倾向于表达一种语气。同时,动词"V"省略后,"糟+了"在形式上连用,之间的句法平面界限也随之消失,因而"糟|了"可以重新分析为"糟了"。详见第6.1节和6.2节对"X了"双音构式的语法化动因和机制的分析。
② "了"的演化情况参看第3.2.2节。

名词"糟"常出现在一些并列性成分中。例如,与名词"糠"连用,构成"糠糟"或"糟糠"。

（5）荆有云梦,犀兕麋鹿满之,江汉之鱼鳖鼋鼍为天下富,宋所谓无雉兔鲋鱼者也,此犹粱肉之与糠糟也。（战国《墨子》）

（6）百姓老弱,冻寒不得短褐,饥饿不得糟糠,敝撤无走,四顾无告。（战国《晏子春秋》）

后来,"糟糠"结构凝固,经历词汇化,表示与丈夫共过患难的妻子。

（7）贫贱之交不可忘,糟糠之妻不下堂。（南朝《南齐书》）

此外,"糟"与"粕"连用时,"糟"开始出现引申义,用来比喻没有价值的东西。

（8）然则君之所读者,古人之糟粕已夫!（战国《庄子》）

在北魏或南朝时期,"糟"出现名词活用为形容词的语法现象。戴昭铭(1986)曾经指出,在汉语史上,名词、动词、形容词、副词互相兼用或互相转变的情况是非常普遍的,比如"花、草、木、麻、毛、方、圆、尖、素、神、精、糟、土、洋"等词最初都是名词,后来才转变为名形兼类词。①

---

① 戴昭铭.规范化对语言变化的评价和抉择[J].语文建设,1986(6):19.

(9) 少立操行,緼袍糟食,不求盈余。(南朝《后汉书》)

上例中,"緼袍"是以乱麻旧絮为衬中的长袍,喻指一种粗劣的冬衣。当"糟食"和"緼袍"对举时,引申出粗劣的食物之意。

动词"糟"的本义是用酒或酒糟腌制食物,是个具体的行为动作。例如:

(10) 鸿胪卿孔群好饮酒,王丞相语云:"卿何为恒饮酒?不见酒家覆瓿布,日月糜烂?"群曰:"不尔。不见糟肉,乃更堪久?"(南朝《世说新语》)

(11) 作糟肉法:春夏秋冬皆得作。以水和酒糟,搦之如粥,著盐令咸。内捧炙肉於糟中。著屋下阴地,饮酒食饭,皆炙啖之。暑月得十日不臭。(北魏《齐民要术》)

单就"糟肉"这个短语的形式来看,动词"糟"具有及物性,后接受事宾语"肉",构成动宾短语。但若将"糟肉"置于上述两例具体句法结构中,即在"不见糟肉"和"作糟肉法"中,动词"糟"需要与动词"作"和"见"竞争核心谓语地位。经过重新分析,"糟肉"最终充当谓语动词"作"和"见"的宾语,因而"糟肉"具有偏正结构或定中短语的语法特征。董秀芳(2009)认为,在古代汉语"动词+受事"结构中,动词可以在句法层面直接充当定语,即不借助结构助词直接出现在定语位置。① 因此,"糟肉"这一组合具有动宾短语和偏

---

① 董秀芳.汉语的句法演变与词汇化[J].中国语文,2009(5):400.

正短语的兼类属性。

再如：

(12) 那八戒便去盛饭，沙僧安放桌椅。二童忙取小菜，却是些酱瓜、酱茄、<u>糟</u>萝卜、醋豆角、腌窝蕖、绰芥菜，共排了七八碟儿，与师徒们吃饭。（明代《西游记》）

如果只看"糟萝卜"的形式，那么可以将其分析成动宾式。但是，如果置于例(12)的语境中，"糟萝卜"和"酱瓜""酱茄""醋豆角"等是并列关系，都是些"小菜"，所以"糟萝卜"应该分析成偏正式名词性成分。

总之，当动词"糟"表示用酒糟腌制之意时，后面所接成分都是与食物有关的名词。随着动词"糟"的用法的发展，其管辖范围突破食物名词的界限，延伸到其他事物，如例(13)中的"面"。"糟面"当然不宜理解成用酒糟腌制脸(面)。在认知隐喻机制的作用下，"糟"经历语义泛化，引申出使(脸)变脏或糟蹋之意，其动词性功能依然显著。

(13) 大凡过往的人，蘸些来洗眼，一生不害眼；蘸些来洗面，一生不<u>糟</u>面。（明代《三宝太监西洋记通俗演义》）

4.3 "糟了"的语法化

汉语单音节动词"糟"的本义是用酒糟腌制，与助词"了"连用后,构成"糟了"这个形式。"糟了"从谓语成分演变为补语成分,最后成为表达特定语气的话语标记,经历了语法化历程。

4.3.1 "糟了"的语义演变①

4.3.1.1 糟了$_1$:表示糟蹋

动词"糟"与体标记"了"的连用形式最早出现在明代的《金瓶梅》中。

(14)(西门庆)因嘱咐他:"少要吃酒,只怕<u>糟了脸</u>。"(明代《金瓶梅》)

例中的"糟了"在句中作动词性谓语,具有及物性,后接宾语"脸",与例(13)中的"糟"用法相似。从句子所在的上下文出发,我们可以得出两个结论:其一,例(14)中的"糟了"的本义是用酒糟腌制了,后接食物类名词,动作性意义显著。在认知隐喻的作用下,"糟了$_1$"从本义引申出糟蹋之意,动词性功能依然显著。其二,说话人以"嘱咐"的方式来建议"少要吃酒",表明"糟了脸"这件事尚未发生,属于将来时范畴。同时,"(多)吃酒"和"糟脸"之间存在客观的因果关系,所以,例中的"了"不是一个现在完成体或过去完成体体标记,而是一个将来完成体体标记。此处的"糟了$_1$"对客观事实或客观存在的因果关系进行描写,主观性不明显。

在古代汉语语料中,"糟了"作为动词性用法的例子并不多见,

---

① 本节部分内容在《汉语学习》2016年第6期发表,论文题目为《"糟了"的语义演变与语法化》。

我们推测有两个原因:第一,"糟了"的本义是腌制,是个技术用语,使用范围有限。第二,引申为"糟蹋"的"糟了"主要出现在口语语体中,在与其他表示类似意义的短语,如"糟蹋了、糟践了"等的竞争中处于弱势地位。但是,在现代汉语语料中,我们还是能够检索到"糟了"的动词性用法。如在前文例(1)中,"糟了"表示用酒糟腌制,为其本义。此外,例(15)和(16)中的"糟了"都是动词性用法,表达糟蹋之意。其中,例(16)中的"糟了"出现在被动句式"……叫……"中,其宾语"万贯家财"被调整到"糟了"之前。

(15)"噢,你倒是个好人,着急走,是怕给乡里<u>糟了</u>大钱。哈哈,这不难,龙画好了,就请点这个睛,点了,走你的。"警备队长皮笑肉不笑地嘿嘿两声。(冯志《敌后武工队》)

(16)至于将来的事,他早已想通:脑袋破了用扇子扇,就只当是万贯家财叫儿子<u>糟</u>了,管不了那么许多!(孙犁《风云初记》)

这里,我们简要提及一下同样具有糟蹋含义的"糟蹋"和"糟践"这两个动词的用法。

(17)伤心者,细想巧娘的模样儿,恩情儿,只落得溺于水中,果于鱼腹,生生儿一朵鲜花被我<u>糟蹋</u>了,岂不令人伤心么?(清代《七侠五义》)

(18)你好,你好,去了一个多月,面都不见,却叫着家人来<u>糟蹋</u>我,可是该的么?(清代《九尾龟》)

(19)"我誓不移节,但却总有人来骚扰我,想必是我的容颜未衰老的缘故吧!"于是,她就有意糟践自己。拿刀把头发剪短,穿上粗麻布做的衣服,而且穿了好久,脏得不成样子也不洗。(民国《古今情海》)

(20) 因为所有的飞禽走兽及这些假人的底下都通着弦呢,你要用刀用剑把这弦给砍断了,不就给糟践了吗?(民国《雍正剑侠图》)

《现代汉语词典》(2012)对"糟蹋"的解释是"浪费或损坏"和"蹂躏,特指奸污";对"糟践"的解释是"糟蹋"。① 在"糟蹋"和"糟践"中,"糟"由单音节动词变成一个构词语素。此外,在表达浪费或损坏之意的句子中,我们可以将"糟蹋了"和"糟践了"省略成动词性短语"糟了",其语义变化不大,如例(17)和例(20)。再如,例(21)中的"糟蹋了"与例(15)和例(16)中的"糟了"都是后接宾语"钱",两者意义相同,可以互换。

(21) 林巨章道:"若是他自己也没注意,以为是银的、锡的,那不白糟蹋了这么些钱吗?"(民国《留东外史续集》)

虽然"糟了"的动词性用法的例子在古汉语中并不多见,但例(14)中的"糟了"是"动词+体标记'了'"的个案,支持了诸位语言学家(王力,1958;梅祖麟,1981;木霁弘,1986;吴福祥,1998;太田

---

① 中国社会科学院语言研究所词典编辑室.现代汉语词典(第6版)[M].北京:商务印书馆,2012:1623.

辰夫,1987)对体标记"了"的出现时间和用法的研判。此外,例(14)中的"糟了"后接宾语"脸"的用法是对动词"糟"在例(13)中后接宾语"面"的用法的继承,这两种情形下的"糟"的语素义具有清晰的语义传承①关系。

4.3.1.2　糟了$_2$:表示糟糕

"糟了$_2$"用作形容词性谓语或补语,表示糟糕。从表示糟蹋到表示糟糕,这一语义变化符合因果推理过程:"糟了$_1$"动作性意义明显,对受事宾语产生明显的破坏性作用;"糟了$_2$"表明"糟蹋"的动作带来了糟糕的结果或状态变化。

前文已述,在例(14)中,"糟了"的描述对象是人的身体部位"脸"。在例(22)和例(23)中,"糟了$_2$"的描述对象扩展到人的整体相貌,如"他"和"孩子"。

(22)大英雄说道:"三大爷,这个可不怨我,他长的太<u>糟了</u>。"(清代《三侠剑》)

(23)他这么打扮,梳着冲天杵小辫。小时候极好看的孩子,怎么长<u>糟了</u>呢?(清代《三侠剑》)

例(22)和例(23)中的"糟了$_2$"的描述对象和例(14)中的"糟了$_1$"的描述对象相似,但不同的地方在于:在例(14)中,"糟了$_1$"是对"吃酒"和"脸"之间的因果关系作了一种客观描述,但是,"糟了$_2$"在陈述人(的长相/脸)出现不好的变化的同时,还传递说话人对这种变化的主观评价,表达了失望的心情。在例(22)中,"他长

---

① 杨晓黎.传承语素与语素义的传承[J].江淮论坛,2014(1):164—169.

的"是"的"字短语,作主语,"糟了"作谓语,状语"太"凸显"糟了"的程度,表达说话人强烈的主观评价。在例(23)中,"长糟了"是一个动补结构,"糟了"表示动作"长"所带来的一种不好的结果。

"糟了$_2$"的用法继续发展,语义泛化特征更加明显,其管辖范围突破名词性成分,开始进入条件句式。在例(24)和例(25)中,前面的小分句是假设条件,"岂不更糟了"和"就糟了"是表示推理的谓语,前者是后者的充分条件,但不是必要条件。在这种句式中,"糟了"总是后置,处于句尾,表示前面的条件一旦发生,就会产生预期之外的结果。

(24)他要再等三年二年学坏了,我将武学再都传授于他,那岂不更<u>糟了</u>?(清代《三侠剑》)

(25)只怕撞着了个不顾前后不受情面的堂官,一味的和你混闹起来,那就<u>糟了</u>。(清代《九尾龟》)

从"糟了$_1$"到"糟了$_2$",伴随着句法位置和语法属性的变化,语义也从糟蹋之意转向糟糕之意。随着描绘对象从名词性成分扩大到条件句式,"糟了"的语义经历了泛化。

4.3.1.3 糟了$_3$:表示醒悟

"糟了"作谓语或补语,通常表现为位置后移。在言语交际中,由于语言的经济原则,为了避免重复,"糟了"所描述的对象往往被省略掉,于是出现"糟了"独立使用的现象,但交际双方可以根据语境将"糟了"的结构和信息进行完形处理。例(26)中的"糟很了"和"糟得没底儿了"是"糟了"的强调形式,前面省略了主语"这事"。

(26)说着,只见他退了两步,果然照褚大娘子前番说的那光景,把小眼皮儿一搭撒,小脸儿一括搭,小腮帮子儿一鼓,抄着两只手在桌儿边一靠,凭你是谁,凭你是怎样和她说着,再也休想她开一开口。这事可<u>糟了</u>,<u>糟很了</u>!<u>糟的没底儿了</u>!(清代《儿女英雄传》)

省略结构中的"糟了"的使用形式与"糟了$_3$"相似,但语法功能和语义截然不同。"糟了$_1$"和"糟了$_2$"具有明确的概念意义,表明事物朝着不好的方向发展。同时,"糟了$_2$"表明这种不好的变化超出了说话人的心理预期,传递出说话人失望和意外的心情。

当"糟了$_3$"用作话语标记时,其概念意义减弱,但未完全消失。这种语义沉积使得话语标记"糟了"具有反预期作用,表达了说话人对当前糟糕的情况的突然醒悟。用作话语标记的"糟了$_3$"最早出现于晚清时期的文学作品中。

(27)贾大少爷顿脚说道:"<u>糟了</u>,<u>糟了</u>!里头顶恨这个,他老人家怎么糊涂到这步地位!他保举维新党,人家就要疑心他,连他亦是个维新党。"(清代《官场现形记》)

(28)那位祁侍郎本来是躲在里面听他们讲话的,如今见闹得不成体统,连连顿足道:"<u>糟了</u>,<u>糟了</u>!"急急的走出来对着祁观察把手乱摇道:"不要动手,有话好好的讲。"(清代《九尾龟》)

在例(27)中,"糟了"的后续话语"怎么糊涂到这步地位"表明说话人一方面感到十分不解,认为"他老人家"保举维新党的行为太不明智,完全出乎预料;另一方面对对方的意外行为提出批评和责备,因为"他老人家"这种行为不符合"里头"的预期。在例(28)中,祁侍郎原本是躲起来偷听对方讲话的,但对方竟然闹得不成体统,出乎自己的预料,只能出来制止。

4.3.2 "糟了"的语法属性与反宾为主句

前文提到,"糟了$_1$"表示糟蹋,"糟了$_2$"表示糟糕,后者所描述的对象和范围进一步扩展,两者之间具有语义传承与发展①的关系。但从语法属性来看,"糟了$_2$"是形容词性,而"糟了$_1$"是动词性。那么,两者之间的语法属性又有什么关系?

在第4.2节中,我们讨论过名词"糟"可以活用为形容词,意思是"粗糙、质差的"②。如例(9)中的"糟食"可引申为粗劣的食物。在认知隐喻的作用下,形容词"糟"的粗糙之意很容易推导出它的糟糕之意。因此,笔者认为"形容词'糟'+助词'了'"应该是"糟了$_2$"的来源之一。

但从"糟了"连用形式所出现的语境和语料事实来看,笔者发现,"糟了$_2$"和"糟了$_1$"之间不仅具有语义传承与发展的关系,两者在语法属性上也有一定的渊源。

我们再回到前文已经提及的4个例子。在例(13)中,动词"糟"后接宾语"面"。例(14)中的"糟了"是动词性谓语,后接宾语"脸"。在例(22)中,"糟了"作形容词性谓语,语法主语是名词短语

---

① 杨晓黎.传承语素与语素义的传承[J].江淮论坛,2014(1):164—169.
② 《古代汉语词典》编写组.古代汉语词典[M].北京:商务印书馆,2003:1983.

"他长的",我们将"的"后面的成分补充为"他长的相貌/样子",同样通过转喻方式,该句可以改写成"他长的脸(相貌/样子)太糟了"。在例(23)中,形容词性短语"糟了"作补语,与动词"长"构成动补结构,充当谓语部分,"长糟了"的语法主语是"孩子","孩子"的身体部分包括"脸",通过转喻思维方式,用部分代替整体,我们可以将该句改写为"孩子的脸长糟了"。

我们通过对比发现,例(13)和例(14)中的"糟"和"糟了"具有动词性功能时,及物性很强,受事宾语是"面/脸";在例(22)和例(23)中,"糟了"具有形容词性功能时,两句的主语都是由动词意义下的受事宾语"脸"来充当。由此,我们推断,形容词性短语"糟了"的语法主语可能来自动词性谓语"糟了"的受事宾语,"糟了"隐含着被动意义。那么发生这种主语和宾语位置上的互换与"糟了"的语法属性转变有无关系?

一般来说,句子结构中的主谓宾语序是无标记的。受事宾语置于及物动词之后,形成主动句,而被动句则是把受事宾语提到前面作主语。这种被动句法现象在古代汉语中十分普遍,黎锦熙(1986)称之为"反宾为主",谢质彬(1996)称之为"反宾为主句"。

反宾为主句形成的句法和语义特点是:第一,动作的施事不明或无需指明;第二,需要强调动作受事宾语的遭遇。反宾为主句的生成机制是话题化。话题化就是通过一定的手段使一个不是主语的成分成为句子的话题。[①] 吕叔湘(1986)在谈到汉语句法的灵活

---

① 滕延江.现代汉语话题化移位的认知理据[J].鲁东大学学报(哲学社会科学版),2007(3):90.

性特征时，提到了移位问题。所谓"移位"，就是一个成分离开了它原来的位置，出现在一个新的位置上。查尔斯·N.李和桑德拉·汤普森(Charles N. Li & Sandra Thompson)(1976)指出，汉语注重话题(topic-prominent)，而英语注重主语(subject-prominent)。在他们看来，虽然汉语中并存"主语—谓语"(subject-predicate)和"话题—说明"(topic-comment)两种类型，但后者更具有汉语类型学价值。①

在话题化的作用下，受事宾语向前移动，出现在原来由施事主语占据的位置。宋亚云(2007)认为，及物性很强的动词用于反宾为主句式时，这些表示意念被动的动词的词义结构中同时蕴涵着完成之意，而动作完成以后就会呈现出一定的结果状态，久而久之，它们变为状态动词。② 当它们发展到能够自由地作定语、作谓语、作补语或者受程度副词修饰时，其形容词地位便逐步确立。例如(引自宋亚云，2007)：

(a) 焚符破玺，而民朴鄙。(战国《庄子》)
(b) 燕攻齐，齐破。(汉代《战国策》)
(c) 燕昭王收破燕后即位，卑身厚币，以招贤者，欲将以报仇。(汉代《战国策》)

在(a)中，"破"是及物动词，带宾语；在(b)中，"破"不带宾语；在(c)中，"破"由及物动词来充当定语，意为被打破的燕国，进而推

---

① 袁毓林.话题化及相关的语法过程[J].中国语文，1996(4)：241.
② 宋亚云.汉语形容词的一个重要来源：动词[J].长江学术，2007(3)：144.

导出残破的燕国之意。

从语言类型学视角来考察,英语也有反宾为主的现象,即及物动词(短语)演变为形容词(短语)。例如①:

(d) He broke the window. 他打破了窗户。

(e) The window was broken (by him). 窗户被(他)打破了。

(f) The window was broken. 窗户破了。

在这些例子中,(d)是主动句,谓语动词"break"的过去式是"broke",具有及物性,后接宾语"window";(e)是由(d)通过语法手段转化为被动句的,"broken"是动词"break"的过去分词,表示被动,强调受事对象"window"所经受的动作;(f)中的"broken"是形容词,表明"window"所处的状态。因此,英语"broken"②和汉语"破"的形容词来源相似,只是由于汉语总体上缺乏严格意义的形态变化,汉语动词"破"和形容词"破"形式一致罢了。

同理,在例(14)中,我们发现:第一,动词短语"糟了"的宾语为"脸",但在形式上,主语未出现;第二,动词"糟"表达由酒糟腌制之意引申出来的糟蹋之意,具有强烈的动作性含义,在该动作的作用下,受事宾语"脸"势必遭遇不好的变化;第三,体标记"了"表明动作"糟"完成,对受事宾语"脸"产生了显著的影响。

在话题化的驱使下,例(14)中的受事宾语"脸"移至原来施事

---

① 例子属于作者自编。
② 从词源来看,英语动词 break 的古英语形式是 brecan,来自原始日耳曼语 brekan。形容词 broken 源自其动词表被动的过去分词形式,形成时间在 14 世纪初。

主语的位置,充当句子的语法主语;"糟了"处于句末位置,体标记"了"进一步虚化,演变为语气词"了",表明动词"糟"所施展的动作带来了一种变化,从而呈现出特定的状态,具有可持续性。因此,例(14)中的"糟了脸"经过反宾为主的操作,其结果是"脸糟了"。"脸糟了"与例(22)的语义和句法结构相似。"(脸)糟了"用作补语,形成"V糟了"结构式,与例(23)的语义和句法结构相似。

在例(22)和例(23)中,"糟了"分别作小句核心谓语和谓语补语。特别是在例(22)中,由程度副词"太"修饰时,"糟了"的形容词短语的地位得以确立。

这样,我们可将例(13)、例(14)、例(22)和例(23)的"糟了"的演变过程描述为:

动词"糟" ──────→ 糟了$_1$ ──────→ 糟了$_2$
　　　　　(加上体标记)　　(话题化与反宾为主)

这个演变过程是建立在"糟了"早期动词性用法和最初形容词性用法的语料事实基础上的,"糟"的语素义处于传承与发展状态,较好地体现了"糟了"的语义发展的连续性。

4.3.3 "糟了"的语法化路径

"糟了$_1$"处于句中位置,用作句子的核心谓语。"糟了$_2$"处于句尾位置,作补语或谓语,不可省略,否则句子的结构就不完整,句子的语义真值也会受到影响。但是,当处于条件句式"只(要)……就糟了"中时,"糟了$_2$"的主语变成整个句子,"糟了$_2$"有可能脱离整个句子,从和主语的关系变成和整个句子的关系。由于句子中有其他的谓语,"糟了$_2$"的语义就不再是句子的焦点,致使"糟了$_2$"的语义变虚,倾向于表达对整个句子的评价。

在"V 糟了"结构中,"糟了$_2$"用作结果补语,表示动词"V"带来的一种不好的结果,其语法功能减弱。一旦动词"V"被省略,"糟了$_2$"的结果意义也随之减弱,倾向于表达一种主观性评价。

在进一步的演化过程中,"糟了$_3$"用作话语标记,其概念语义有一定的沉积,没有完全消失。因为人类有向善的价值取向,心理上总是预期好的事情发生或者事情朝符合预期的方向发展。当事物朝不好的方向或者朝着不符合心理预期的方向发展时,人们自然会感到惊讶和失望,"糟了"的心情就会油然而生。此时,"糟了"表达说话人恍然大悟的心情和意外的语气。

此外,需要说明一下与形容词短语"糟了"意义相近的"糟糕(了)"的历时用法,以便推断形容词短语"糟了"有无可能是"糟糕了"的省略形式。通过对北京大学中国语言学研究中心语料库的检索,笔者发现"糟糕(了)"在清代已经出现。

(29) 及至查点时,南洋各兵,没有一个带干粮的。操演本来就是预备做实事的规模,你想一旦有事也是如此,岂不是糟糕了么! 操了一趟,闹的笑话也不知几次。(清代《二十年目睹之怪现状》)

(30) 做上司的要抓我们的错处容易得很,不难栽上一个罪名,拿来参了,那才糟糕到底呢!(清代《二十年目睹之怪现状》)

例(29)和例(30)中的"糟糕(了)"如果与"糟了"互换,语义变化不大。但从时间来看,例(26)的"糟了"出自《儿女英雄传》,而"糟糕(了)"始现于《二十年目睹之怪现状》,如例(29)和例(30),这两本书虽都是清代晚期的作品,但前者的成书时间明显早于后者,所以形容词短语"糟了"出现的时间应该早于"糟糕(了)"。① 因此,笔者认为,从最初的来源关系来看,形容词性的"糟了"还不能看成是"糟糕了"的缩略形式。

不过,我们需要注意到,在现代汉语共时层面上,"糟了"和"糟糕了"意义区别不大,也都能用作话语标记,在双音化和语言经济原则的作用下,话语标记"糟糕了"有可能会缩略成"糟了"的形式。例(31)中的"糟糕了"可以用"糟了"来替换。

(31) 审判员看了看,退了给他。他这时才发现工会会员证上有一块黑黑的污点。他想:糟糕了,审判员一定看到这个污点。(周而复《上海的早晨》)

至此,我们可以将"糟了"的语法化路径大致刻画为:

图 4.1 "糟了"的语法化路径

图中显示"糟了"的语法化有 3 种可能的路径:"动词'糟'+体标记'了'"是"糟了"语法化的直接源头;"(就)糟了₂"和"(V)糟

---

① 在《儿女英雄传》中出现一例"糟糕",即"那可就叫作整本的《糟糕传》,还讲甚么《儿女英雄传》呢?"鉴于此处的"糟糕"出现在书名中,与我们讨论的形容词性短语"(糟糕)了"用法不同,因而忽略不计。

了$_2$"是另外两种演化路径。此外,"糟了$_3$"有可能还来源于"形容词'糟'+语气词'了'",以及话语标记"糟糕了"的省略形式。由于本书关注的是"糟了"双音连用形式的演变过程,其双音连用形式最早表现为"动词'糟'+体标记'了'",表明话语标记"糟了"的源头在于其动词"糟",所以形容词"糟",以及"糟糕了"这两种可能的来源在本书中暂不作考虑。

4.4 "糟了"的话语标记形式[①]

4.4.1 对话语标记"糟了"的识别

根据希夫林(1987)对于话语标记定义的分析,笔者认为,"糟了"用作话语标记时,具有话语标记的一般特征。前文提到的例(27)和例(28)是"糟了"最早的话语标记用法。两例中的"糟了"在语篇功能上具有连接性,前文信息对当前说话人产生了强烈的心理刺激,"糟了"是一种心理反应,表达出说话人的意外、失望或懊恼等情绪。在例(27)中,贾大少爷对"他老人家"保举维新党的行为感到"糟了",表现出极大的懊恼之情。在例(28)中,"闹得不成体统"导致"糟了",两者具有因果关系。话语标记"糟了"不是句子的强制成分,其缺失不会影响句子结构的完整性。此外,两例中的"糟了"都处于句首,有标点符号隔开,且作者们都运用了感叹号,使"糟了"在语音上具有可识别性。

---

① 本节部分内容在《河北工业大学学报(社会科学版)》2016年第4期发表,论文题目为《话语标记"糟了"的使用情况考察》。

但语料显示,话语标记"糟了"还有自己特殊的语言表达形式,具体表现在以下 4 个方面。

第一,话语标记"糟了"主要出现在句首,但偶尔也会出现在句末或者句中的位置。例如:

(32)我这句话未经考虑说出口,他们立刻抓住威胁:谁说的,谁议论过?说,说,说不出就是你造谣!他们把我的话记下,还让我按上了手印……糟了!(张炜《柏慧》)

(33)有人说你有问题,哪怕仅仅是怀疑,糟了,多半就收进了你的档案。收进去就很难拿出来,它从此就一刻不停地紧跟着你。(冯骥才《一百个人的十年》)

第二,"糟了"充当话语标记时,一般有前言后语,但也有"糟了"是光杆形式的话语标记。这些独立使用的"糟了"表明说话人对所遭遇的境况感到十分意外,不知所措,以至于来不及或者不想多说话。

(34)且说那巡捕赶到签押房,跟班的说:"大人没有换衣服就往上房去了。"巡捕连连跺脚道:"糟了!糟了!"立刻拿了片子又赶到上房。(清代《官场现形记》)

(35)饶鸿生低头一看,一件白春纱大褂,被牛油土斯的油映出来,油了一大块,嘴里说"糟了糟了"。赶忙脱下来收拾,把怀里藏的糕饼掉了满地。(清代《文明小史》)

(36)该协统领王得胜飞电张彪,张彪慌得没做道理处,连喊:"糟了!糟了!"私由后营逃回公馆。(民国《清朝秘史》)

第三,话语标记"糟了"主要以单一的"AB"形式和"ABAB"的重复形式出现,偶尔以"ABABAB"形式出现。重复形式使得"糟了"的语气表达更加强烈。

(37) 童小林从地上爬起来,"糟了,糟了,师长特别交代,好孬要给他打个电话。"拔腿朝营指挥所跑去。(柳建伟《突出重围》)

在例(38)中,话语标记"糟了"虽不是以"ABAB……"的重复形式出现,但"糟糕、真的糟了、完蛋了、真的糟糕了"所表达的语气和语用功能与"糟了"接近。

(38) 她眼底流露出一股又担忧,又懊丧,又天真,又古怪的神情,一叠连声的说:"糟糕! 糟了! 真的糟了! 奶奶说对了! 完蛋了! 真的糟糕了,又闯祸了! 又该搬家了! 完蛋了……"(琼瑶《雁儿在林梢》)

第四,使用程度副词"太"和"更"来修饰话语标记"糟了",从而加强语气。

(39) 两个鞋商赴非洲考察。回来后甲失望地说:"太糟了! 非洲人都不穿鞋子,根本没市场!"乙回来后却兴奋地说:"太棒了! 他们都没穿鞋子,市场潜力无限!"

(当代《读者(合订本)》)

(40) 李兴一想:"更糟了,这大饭馆子一开张,我这小饭馆,更不用卖了。"

(清代《济公全传》)

4.4.2 话语标记"糟了"的语体特征

言语是人们在交际过程中对语言的具体使用。独白和对话是重要的口头言语形式,两者之间既对立又统一。在形式上,对话涉及两个或多个话语参与者,而独白是一个人的自言自语或者内心活动。但独白又是一种特殊的对话形式,说话人既是发话者,又是受话人。对话中某一方的较长连续话语是一种特殊的独白。一般的话语都处于对话性(独白性)强弱的连续体中的某一点之上,而典型的对话或独白则居于这个连续体的两端。①

4.4.2.1 独白语体中的话语标记"糟了"

独白语体中的话语标记"糟了",表达说话人对当前情形的心理反应或评价,是态度指示手段,充当元语用评论语。元语用评论语指那些对信息内容或言语行为等表达主观看法、解释、判断的元语用标识语。② 从语用认知角度来看,"糟了"用作元语用评论语能够激活或凸显相关语境因素,使其前景化。

(41)"糟了,没拍到好角度!"老赵嘟囔了一句。(新华社 2003 年 4 月份新闻报道)

在上例中,话语标记"糟了"传递出老赵内心对某个事物前后态度变化的信息,从而激活相关背景信息:老赵原本认为抓到了一

---

① 蒋成峰.独白和对话语体的对立[A].语体风格研究和语言运用[C].合肥:安徽大学出版,2013:148.
② 刘平.元语用评论语的语用调节性及其积极语用效应[J].外语教学,2014(1):26.

个很好的拍摄机会,对所拍摄的照片充满期望。但是,老赵看了照片之后,发现拍摄效果没有达到预期。"糟了"表明了老赵自己对照片不满意,对浪费拍摄机会感到惋惜。

独白语体中的话语标记"糟了"表现为说话人的自言自语和内心独白两种形式。自言自语中的"糟了"是发出声音的,声音可能很小,如例(41)以"嘟囔"的方式发出"糟了"。但多数自言式的"糟了"以较高分贝的方式表达出来,如例(42)中的"大喊"和例(43)中的"惨叫",表明说话人面对当前的突发状况难以控制自己的惊讶、失望之情,从而需要通过大声喊"糟了"来宣泄情感。

(42) 侯希贵从电视中看到家乡被洪水围困的情景,痛苦地大喊一声:"<u>糟了</u>,我的家乡受灾了,我的父老乡亲受苦了。"(1998年《人民日报》)

(43) 尼奥突然想到一件事,惨叫一声:"<u>糟了</u>,我们的书!"(朱邦复《东尼!东尼!》)

无声话语标记"糟了"是一种内心独白,常和"心想""暗暗叫苦"等心理动词或短语连用,表明说话人对当前情景产生的意外反应不便或不能通过话语形式表达出来,如例(44)和例(45)。

(44) 一群人好奇地向我围过来。我心想,<u>糟了!糟了</u>!今天,我在大街上走了很久,谁也没有注意到我没有影子。(施亮《无影人》)

(45) "怎么也学着逼债了?不是讲好一个月的,还差七天,我是给他数着呢。"毛泽东将手中的烟嘴摔在桌

上。糟了。我心里暗暗叫苦。毛泽东又联想到苏联逼债一事了。(权延赤《红墙内外》)

4.4.2.2 对话语体中的话语标记"糟了"

话语标记"糟了"出现在对话语体中，表明当前说话人受到所处场景或者对方言语的刺激产生反应，说话人需要将自己的这种评价性话语或反应态度向对方表达。典型的对话语体中的话语标记"糟了"常和称呼语或人称代词"你"连用，指明交际对象，同时开启话题。

(46) 青葱嫂匆匆走进来道："暖暖，糟了，九鼎已经招来开田的报复，开田说九鼎家的船有安全隐患，不准他以后再拉赏心苑的游客去湖里游览。"(周大新《湖光山色》)

(47) 啊，糟了，爸，他就在这个院子里！(谌容《梦中的河》)

(48) 世蕃见说，顿足说道："糟了！糟了！你做了一世的官，连这点进出也不晓得么？他这安慰你，明明是不怀好意……"(民国《明宫十六朝演义》)

黄国文(2001)指出，在话轮转换中，比较典型的前后话轮关系是毗邻应对(adjacency pair)关系。毗邻应对是指两个不同的发话人所发出的两个相关话段的言语结构。① 但由于"糟了"的后续话语引出反预期的事情，所以，"糟了"主要的话轮组织功能表现为转

---

① 黄国文.语篇分析的理论与实践——广告语篇研究[M].上海:上海外语教育出版社, 2001:8.

换或插入话题。

(49) 他们去吃饭,见锅还盖着,锅里还没有下勺子。常有理问惹不起说:"有翼还没有来舀饭吗?"惹不起告她说没有,她便又跑往东南小房里去。她一看有翼也不在房子里,便唧唧喳喳嚷着说:"有翼怎么不在家里? 有翼! 有翼! 饭也不吃又往哪里去了呢?"糊涂涂一听便向有余说:"<u>糟了</u>! 他会去找范登高要分单去! 你快到登高家看看!"有余连饭也没有舀上,只好往登高家里跑。(赵树理《三里湾》)

例(49)是一连串的多人对话。当常有理呼喊"饭也不吃又往哪里去了呢"时,其话语指向受话人——有翼,但有翼不在场,糊涂涂立刻使用"糟了"插入新话题,引出意外情况"他(有翼)会去找范登高",从而建议有余去范登高家看看。

话语标记"糟了"出现在当前说话人的话语中时,也表现为话题的转换或者调整。

(50) 元豹对着镜头说,"导演,我觉得还缺点调度。<u>糟了</u>,我书都没拿——怪不得不逮劲儿。"(王朔《千万别把我当人》)

(51) 周伯通:弄点天玄地转迷魂烟让你尝尝! <u>糟了</u>,在杀这个小贱人之前,我还真有点难过。(电影《东成西就》)

当话语标记"糟了"出现在话语结尾时,它表达了对前面话语内容的一种态度和语气,带有归纳总结的作用,从而结束自己的当前话语。如前面所提到的例(32),说话人陈述了自己被传讯的遭遇,并提到对方记录了自己的话语,按了手印。这让他惊恐万分,所以最后的"糟了"表达了说话人糟糕的心情。由于前面的话语起到信息铺垫作用,所以结尾处的"糟了"所表达的意外性语气较弱。

4.5 小结

"糟了$_1$"最初是一个松散结构,由动词"糟"后接体标记"了"组成,表示用酒糟腌制了,是一个具体的行为动作,后来引申出糟蹋之意,语义具有客观性。"糟了$_2$"用作形容词性谓语和动词补语后,句法位置后移,表达糟糕之意,主观性增强。从"糟了$_1$"到"糟了$_2$"的语法属性变化是话题化与反宾为主句作用的结果。用作话语标记后,"糟了$_3$"多出现在句首,表明说话人感到十分意外或恍然大悟,表达醒悟之意。

话语标记"糟了"不仅出现在对话语体中,对话轮起到组织作用,还经常出现在独白语体中,表现出说话人特定的心理活动。

"糟了$_1$"的整体意义基本上是构成成分"糟"和"了"的语义叠加,最初表达客观意义。"糟了$_2$"用作形容词短语,表达糟糕之意。"糟了$_3$"表醒悟含义的用法很难从成分义直接推导出来,且该意义的主观性凸显。换言之,"糟了$_3$"用作构式,其醒悟之意的主观性相较于"糟了$_1$"的最初意义的客观性具有不可预测性。

从构式发生的语言层次来看,"糟了"用作构式,主要表现为话语标记"糟了$_3$"。

第五章 "坏了"构式的语法化及话语标记形式

5.1 引言

在现代汉语共时平面,"坏了"这一语言形式使用频率很高。笔者在百度新闻标题中对"坏了"进行检索,发现"坏了"有以下几种用法:

(1) 环卫工超龄服役,一辞了之<u>坏了</u>市场正义
(2) 电梯故障不止是电梯<u>坏了</u>
(3) 大自然成就了卖萌的快乐,台北"歪脖邮筒"被玩<u>坏了</u>
(4) 工地施工出车祸 跑保险愁<u>坏了</u>翻斗车主
(5) <u>坏了</u>!失控撞上面包车 大巴车滑进河沟

在例(1)中,"坏了"是由动词"坏"加上体标记"了"构成,在句中充当核心谓语,具有及物性,表破坏之意。在例(2)中,"坏了"则是由动词"坏"加上语气词"了"构成的动词短语,在小句中作核心谓语,具有不及物性,表崩溃之意。在例(3)中,"坏了"出现在"V坏了"构式中,动词"坏"用作前面动词"V"的补语,与语气词"了"不在同一语法层次上,但为了讨论的方便,我们可将其与"了"一起

视为动词"V"的结果补语,其语义指向前面的名词"歪脖邮筒",意义与例(2)相当。① 例(4)中的"坏了"也出现在"V 坏了"构式中,与例(3)相似,可一起被视为动词"V"的补语,但此处用作程度补语,其语义指向前面的心理动词"愁",表极限之意。例(5)中的"坏了"是一个话语标记,表达说话人意外、糟糕的心情,表省悟之意。

上述例子中的几种用法是"坏了"语义和句法功能的具体形式。由于"坏了"由动词"坏"和助词"了"组成,因此,我们有必要先梳理一下动词"坏"的发展演变情况,然后再分析"坏了"的语法化过程。②

5.2 "坏"的演变

现代汉语中的动词"坏"(huài)在古代汉语中的繁体形式为"壞",与古汉语中的"坏"(pī;pēi;péi)是音义皆不同的两个字。前者在《说文解字》中记录为:"壞,败也,从土褱声。下怪切。"后者在《说文解字》中记录为:"坏,丘再成者也。一曰瓦未烧。从土不声。芳杯切。"可见,"坏"(huài)最初用作动词,本义为败坏、倒塌;"坏"(pēi;pī)用作名词时本义为土丘或没有烧过的砖瓦、陶器,"坏"(péi)用作动词时表示用泥土涂塞缝隙,修补墙垣。其中,"没有烧过的砖瓦、陶器"之意在现代汉语中用"坯"来表示。

本研究的关注对象为"坏"(huài)。《古代汉语词典》(2003)列出"坏"的 9 种意义或用法:倒塌;破败;衰败;战败;崩溃;变质;革

---

① 在"V 坏了"结构式中,"坏"和"了"本不在同一句法层面,不是直接成分,属于跨层结构。具体论述见第 6.1 节和 6.2 节对"X 了"双音构式的语法化动因和机制的分析。
② "了"的演化情况参见第 3.2.2 节。

职,免官;杀害;破费,花费;不好,恶;用在动词之后,表示程度深。① 其中,前7个义项大致反映出"坏"作为动词的语义演变路径:从原本的倒塌之意泛化为破败、战败之意,再抽象为变质之意,进而引申出革职、杀害、不好等意义。

"坏"的本义是倒塌,意义主要指向房屋或者城墙等物体,可以用作不及物动词,如例(6)、例(7)中的"坏",以及例(9)中第二个"坏";也可以用作及物动词,后接宾语,如例(8)中的"坏"和例(9)中的第一个"坏"。

(6)大室屋坏。(春秋《春秋》)

(7)无俾城坏,无独斯畏。(春秋《诗经》)

(8)晋侯梦大厉,被发及地,搏膺而踊,曰:"杀余孙,不义。余得请于帝矣!"坏大门及寝门而入。公惧,入于室。又坏户。公觉,召桑田巫。(先秦《左传》)

(9)敢问古人有善攻者,穴土而入,缚柱施火,以坏吾城,城坏,或中人为之奈何?(战国《墨子》)

在倒塌之意的基础上,"坏"的描写范围逐步扩大,可以用来说明天地、人和国家所处的状态或者发生的动作,从而引申出败坏、腐败、破坏、降灾、击破、击败等意义。

(10)贵聘而贱逆之,君而卑之,立而废之,弃信而坏其主,在国必乱,在家必亡。(先秦《左传》)

---

① 《古代汉语词典》编写组.古代汉语词典[M].北京:商务印书馆,2003:625.

(11)昔伯舅大公,右我先王,股肱周室,师保万民,世胙大师,以表东海。王室之不坏,繄伯舅是赖。今余命女环,兹率舅氏之典,纂乃祖考,无忝乃旧。(先秦《左传》)

(12)贤者所聚,天地不坏,鬼神不害,人事不谋,此五常之本事也。(战国《吕氏春秋》)

(13)苞人民、殴牛马,曰侵;斩树木、坏宫室,曰伐。(战国《谷梁传》)

(14)然则是赵举,赵举则韩亡,韩亡则荆、魏不能独立,荆、魏不能独立,则是一举而坏韩、蠹魏、拔荆,东以弱齐、燕,决白马之口以沃魏氏,是一举而三晋亡,从者败也。(战国《韩非子》)

到了秦汉时期,"坏"的语义基本处于传承状态。现摘录两例,分别意为倒塌和败坏。

(15)由此观之,墙薄则亟坏,缯薄则亟裂,器薄则亟毁,酒薄则亟酸。(汉代《新序》)

(16)禹以夏王,桀以夏亡;汤以殷王,纣以殷亡。非法度不存也,纪纲不张,风俗坏也。(汉代《淮南子》)

在南北朝时期,"坏"又从腐败、败坏之意引申出变质的含义,专指食物的变质、腐烂,如例(17)和例(18)。

(17)作干酪法:七月、八月中作之。日中炙酪,酪上皮成,掠取;更炙之,又掠。肥尽无皮,乃止……得经数年

不坏,以供远行。(北魏《齐民要术》)

(18) 酒若熟矣,押出,清澄。竟夏直以单布覆瓮口,斩席盖布上,慎勿瓮泥;瓮泥封交即酢坏。(北魏《齐民要术》)

大约到了宋、元、明时期,"坏"偶尔用以表达革职、花费、杀害之意,如例(19)、例(20)和例(21)。

(19) 恁地却依正理。坏了臣于法合宜,坏了臣于民有益,不坏臣于君不利。(元代《周公摄政》)

(20) 宋江将出些银两来,与武松做衣裳。柴进知道,哪里肯要他坏钱。(元末明初《水浒传》)

(21) 但望君借一臂之力,可将后赶大鱼一箭,坏了小龙性命,老拙自当厚报重恩。(明代《喻世明言》)

闫君(2009)将古汉语中"坏"的用法大致分为两个阶段。他认为,在元明清之前,"坏"主要是动词的用法;在元明清之后,"坏"除了动词的用法,还有形容词的用法及表程度补语化的用法。笔者认为闫君的划分方式不够严谨。

第一,通过对北京大学中国语言学研究中心语料库有关"坏"的语料检索,笔者发现,早在春秋战国时期,"坏"就出现了动词活用为名词和形容词的特殊用法。

(22) 夫德,福之基也,无德而福隆,犹无基而厚墉也,其坏也无日矣。(春秋《国语》)

(23) 昔者神农氏之有天下也,时祀尽敬而不祈福也;其於人也,忠信尽治而无求焉;乐正与为正,乐治与为治;不以人之坏自成也,不以人之庳自高也。(战国《吕氏春秋》)

　　(24) 苔楼不会者以牒塞,数暴干,苔为格,令风上下。堞恶疑坏者,先狸木十尺一枚一。(战国《墨子》)

在例(22)和例(23)中,"坏"活用为名词,分别意为倒塌和失败。尤其在例(23)中,助词"之"凸显"坏"的名词属性。例(24)中的"坏"活用为形容词,出现在偏正结构"坏者"中,表示倒塌的地方(城墙)。

不过,需要指出的是,"坏"表示"不好或恶"这个含义的形容词用法在清代才开始出现。

　　(25) 自己又不尊重,要往下流里走,安着坏心,还只怨人家偏心呢。(清代《红楼梦》)

第二,"坏"在动补或者形补结构中作程度补语,意义指向前面的动词和形容词。"坏"的这种程度副词用法始现于宋代,如例(26)。

　　(26) 先生曰:"如'求生以害仁',言身虽生,已是伤坏了这个心;'杀身以成仁',身虽死,这个心却自完全得在。"(宋代《朱子语类》)

一般来说,"V坏"构式有两种结构分析:其一,"坏"具有动作义,意义指向名词,如"打坏一盏灯"或"一盏灯被打坏";其二,"坏"

表程度义,意义指向前面的动词,如"忙坏了",也可指向前面的形容词,如"高兴坏了"。就例(26)而言,"坏"修饰动词"伤",表示程度深,意义相当于"伤透了心"。

5.3 "坏了"的语法化

沈家煊(2003)在伊芙·斯威瑟(Eve Sweetser)(1990)的基础上提出了"行域、知域、言域"3个概念。"行"指行为、行状,跟行态或事态有关;"知"指知识、认知,跟说话人或听话人的知识状态有关;"言"指言语、言说,如命令、许诺、请求等,跟言语状态有关。① "三域"概念的区分有利于厘清许多复杂的语义现象,行域义是原始的基本意义,然后引申出较抽象的知域义,再引申出更抽象的言域义。

动词短语"坏了"用作谓语和结果补语时,动作意义明显,属于行域概念,标记为"坏了$_1$";用作程度补语时,表达一种主观的极性程度,属于知域概念,标记为"坏了$_2$";用作话语标记时,除了起到衔接前后语篇的作用,还能表达说话人的主观态度,实施特定的言语行为或者对言语行为起到调节作用,具有言域义,标记为"坏了$_3$"。

5.3.1 "坏了"的语义演变

5.3.1.1 坏了$_1$:行域义

动词"坏"与助词"了"连用,形成松散结构,始现于宋代,有两

---

① 沈家煊.复句三域"行、知、言"[J].中国语文,2003(3):195.

种具体的用法。

第一,"坏了"作谓语,具有及物性,后接宾语。其中"了"是完成体标记,表示一个动作的完成,本义是使房屋倒塌了,如例(27)。

(27) 后世有个新生底神道,缘众人心都向它,它便盛。如狄仁杰只留吴太伯伍子胥庙,坏了许多庙,其鬼亦不能为害,缘是它见得无这物事了。(宋代《朱子语类》)

因为动词"坏"引申出众多意义,"坏了"的语义也自然扩展开来。例(28)中的"坏了"表示破坏了之意,出现在被动结构中,其宾语"金"提前充当主语。

(28) 形质也是重。且如水之气,如何似长江大河,有许多洪流!金之气,如何似一块铁恁地硬!形质也是重。被此生坏了后,理终是拗不转来。(宋代《朱子语类》)

"坏了"所接宾语的范围很快突破客观事物的界限,可以用来描述抽象事物。例(29)则显示出"坏了"的引申义,即败坏了,修饰对象是抽象名词"精神"。

(29) 若时文整篇整卷,要作何用耶!徒然坏了许多士子精神。(宋代《朱子语类》)

在与抽象名词搭配之后,在搭配语义的影响下,"坏了"的语义主观性特征也逐渐显现出来。在例(30)中,"坏了"的主语是条件句式"若说'精粗'二字",宾语是抽象名词"理","坏了"用作核心谓语,表示前面条件的推理结果,其语义的主观性凸显。

(30) 若说"精粗"二字,便坏了一贯之理。譬之水在大江中,固是此水;流为池沼,亦只是此水;流为沟壑,亦只是此水。(宋代《朱子语类》)

第二,"坏了"仍然作谓语,但表现出较强的不及物性,经常出现在句尾,其中"了"是语气助词。

(31) 已是断弦尤续,覆水难收,常向人前诵谈,空遣时传音耗。漫悔懊。此事何时坏了。(宋代《八六子·平调》)

当"坏了"处于句末位置时,其语义泛化特征更加明显,可以出现在条件句式"只要/只是……便/就坏了"中。例(32)的条件通过"若"来引导,与例(33)中的"只被外物汩没了不明"一样,是一个充分条件,但不是必要条件。"坏了"是一个表示推理的谓语。

(32) 如人说十句话,九句实,一句脱空,那九句实底被这一句脱空底都坏了。如十分金,彻底好方谓之真金,若有三分银,便和那七分底也坏了。(宋代《朱子语类》)

(33) 人本来皆具此明德,德内便有此仁义礼智四者。只被外物汩没了不明,便都坏了。所以大学之道,必先明此明德。(宋代《朱子语类》)

(34) 只是要扶持这个道理,教它常立在世间,上挂天,下挂地,常如此端正。才一日无人维持,便倾倒了。少间脚挂天,头挂地,颠倒错乱,便都坏了。所以说:天佑

下民,作之君,作之师,惟其克相上帝,宠绥四方。(宋代《朱子语类》)

对例(34)中的"少间脚拄天,头拄地,颠倒错乱,便都坏了"可以有两种理解:一种是将其视为条件句"只要/只是……便/就坏了"的变体;另一种可以将"颠倒错乱"和"坏了"理解成连动结构①,共同说明"脚拄天,头拄地"。"颠倒错乱"和"坏了"有明显的时间先后顺序,"坏了"表示前一个动作"颠倒错乱"的结果,所以,可以将该连动结构重新分析成动补结构"颠倒错乱坏了"或"颠倒坏了"。

"坏了"出现在"V 坏了"结构中,充当结果补语时,意义指向所描写的人或物,如例(35)和例(36)。

(35)要作好事底心是实,要做不好事底心是虚。被那虚底在里夹杂,便将实底一齐打坏了。(宋代《朱子语类》)

(36)恰似一间屋,鲁只如旧弊之屋,其规模只在;齐则已经拆坏了。这非独是圣人要如此损益,亦是道理合当如此。(宋代《朱子语类》)

5.3.1.2　坏了$_2$:知域义

"坏了"在"V 坏了"动补结构中或"A 坏了"形补结构中充当程度补语时,意义指向所描写的动作或状态,表示程度。程度修饰语

---

① "V 坏了"连动结构的用法见第 5.3.2 节分析。

在特征上具有主观性,涉及说话者的参与。利用这一程度补语,说话人选择了一种内在的视角,即将某一事件/实体以亲历或目睹这一事件/情景的局内人的视角呈现出来①,表明了说话人或听话人的知识状态,属于知域范畴。

"坏了"作程度补语的例子最早出现在宋代,笔者在文献只录得一例,即前文的例(26)中的"已是伤坏了这个心"中的"坏了"。

到了明代,"坏了"的程度补语用法逐步流行起来。

(37)恐怕吓坏了孩子,把袖绢子掩了耳朵,把着进房。(明代《喻世明言》)

(38)番王日夜里耽忧,却又不敢开言,怕气坏了孩儿。(明代《三宝太监西洋记通俗演义》)

(39)将军也着实可怜他,又恐怕苦坏了翠翠,吩咐从厚殡殓。(明代《二刻拍案惊奇》)

(40)既然舍人已有了亲事,老身去回复了小娘子,省得他牵肠挂肚,空想坏了。(明代《二刻拍案惊奇》)

5.3.1.3 坏了$_3$:言域义

"坏了"作谓语或补语时,通常表现为位置后移。在言语交际中,由于语言的经济原则,为了避免重复,"坏了"所描述的对象可以被省略掉,于是出现"坏了"独立使用的现象,但交际双方可以根

---

① Athanasiadou, A. On the Subjectivity of Intensifiers [J]. Language Sciences, 2007(4):561.

据语境将"坏了"的结构和信息进行完形处理。例(41)中的"坏了"和"错了"是同义关系,用作谓语。

(41) 以下人不能识得损益之宜,便错了,坏了,也自是立不得。因只是因这个,损益也是损益这个。(宋代《朱子语类》)

省略结构中的"坏了"的使用形式与话语标记"坏了$_3$"相似,但语法功能和语义截然不同。话语标记"坏了"具有如下特征:一是处于句首,可以重复使用,也可以单用,用标点符号隔开,语音上具有可识别性,表示明显的停顿和强烈的语气;二是"坏了"的有无不影响语句语义的完整性和句法的合法性,但对话语的理解起到了程序性意义。话语标记"坏了"的用法首现于明代的《二刻拍案惊奇》。

(42) 两人正自促膝而坐,只见外边店里一个长大汉子,大踏步踹将进来,大声道:"娘子那里?"惊得妇人手脚忙乱,面如土色,慌道:"坏了!坏了!吾夫来了!"那官人急闪了出来,已与大汉打了照面。(明代《二刻拍案惊奇》)

由于动词性语义的沉积,话语标记"坏了"总体上表达了说话人对于反预期状况所持有的否定或消极的态度。话语标记"坏了"的言域功能表现在两个方面:一方面,话语标记"坏了"对其他言语行为的效果或施事语力(illocutionary force)进行强化或弱化,以达到说话人意定的成事效果,或明确言语行为的类型以使其施事意图得到显明①;另一方面,话语标记"坏了"可以直接实施一定的言语行为,且在不同的语境中实施不同的言语行为。

例(42)讲述的是一个骗局故事。妇人与丈夫等人设下圈套,勾引官人,骗取钱财。妇人使用话语标记"坏了",一方面表达自己表面上的惊讶之情,以便将戏演得逼真;另一方面,话语标记"坏了"的重复使用起到了加强语气的作用,以便吸引对方的注意力,进而提醒并敦促对方赶快离开,从而实现设置骗局的目的。

(43)沈仲思听了连连顿足道:"坏了,坏了,都是我自己粗心,这里那里说起?"(清代《九尾龟》)

在例(43)中,沈仲思通过"坏了"的重复表达,强化了醒悟和自责的语气。

(44)来到府中,咬金接了忙取回来打开一看,书上说:"朝中现有魏大哥同众兄弟还可相救,要我无用。"竟回绝了。咬金说:"坏了! 坏了!"怀玉道:"老叔不必着忙,还有尉迟老叔到来,就可有救了。"(清代《说唐全传》)

在例(44)中,独立使用的话语标记"坏了"直接表达了程咬金的失望和意外之情。

---

① 霍永寿.从言语行为的实施看话语标记语的语用功能[J].外国语言文学,2005(2):85.

5.3.2 "V坏(了)"并列结构、连动结构与动补结构

在汉语史上,动词"V"最初处于单用形式,但逐渐与其他动词连用。"V坏(了)"组合有连动结构、并列结构和动补结构3种形式。"坏(了)"的补语用法源于上古汉语的双动词结构,尤其是连动结构和并列结构,为动补结构的形成提供了句法环境。

连动结构的主要特点是句子结构中出现两个动词,这两个动词之间的先后顺序一般不能颠倒。如果颠倒,两个动词之间的关系虽然在语法上没有什么不同,但在意义上可能会产生变化。连动之间可以没有连词连接,也可以用"而"或"以"连接。

(45) 逆妇姜于齐,卿不行,非礼也。君子是以知出姜之不允于鲁也。曰:"贵聘而贱逆之,君而卑之,立而废之,弃信而坏其主,在国必乱,在家必亡。不允宜哉?《诗》曰:'畏天之威,于时保之。'敬主之谓也。"(先秦《左传》)

(46) 禽子再拜再拜曰:"敢问古人有善攻者,穴土而入,缚柱施火,以坏吾城,城坏,或中人为之奈何?"(战国《墨子》)

(47) 三月癸未,大风自西摇祖宗寝庙,扬裂帷席,折拔树木,顿僵车辇,毁坏槛屋,灾及宗庙,足为寒心!(汉代《汉书》)

例(45)中的"弃信"与"坏其主"、例(46)中的"缚柱施火"与"坏吾城"分别使用"而"和"以"连接,例(47)中的"毁"和"坏"则是直接

连用。

动词"坏"与其他表达相近意义的词组成并列式"V坏"或"坏V"结构,其中以"V坏"形式为主。如下面两例中的"败坏"和"坏败"。

(48) 行冬令,则草木早枯,后乃大水,败坏城郭。行春令,则蚤螳为败,暴雨来格,秀草不实。(汉代《淮南子》)

(49) 令三辅、太常、内郡国举贤良方正各一人。律令有可蠲除以安百姓,条奏。被地震坏败甚者,勿收租赋。(汉代《汉书》)

并列结构与连动结构虽然都是双动词或多个动词的连用形式,但并列结构中的两个动词的关系是平行关系,没有明确的时间关系,也没有轻重之分,而连动结构的动词有先后之分。赵元任(1981)认为,并列结构的内部次序可以逆转,而连动式虽然也可以颠倒,但是意思往往改变了。①

一般来说,在一个句子里,如果有两个或两个以上的动词,总会有某个动词在句法、语义和语用方面比其他动词重要。② 张伯江和方梅(1996)明确指出,在两个动词"V1+V2"结构中,只能有一个动词是语义焦点,另一个则是辅助成分。当"V1"是语义焦点时,"V2"就会虚化为助词性成分;当"V2"是语义焦点时,"V1"就

---

① 赵元任.国语语法——中国话的文法[M].台北:学海出版社,1981:145.
② 邢志群.汉语动词语法化的机制[A].语言学论丛(第28辑)[C].北京:商务印书馆,2003:96.

会虚化为修饰性成分。如果"V2"发生虚化,连动结构就会转向动补结构;如果"V1"发生虚化,连动结构就会转向介词结构。①

因此,在"V 坏"结构中,当前一个动词"V"和后一个动词"坏"在时间上存在先后关系,并隐含因果关系,这两个动词竞争核心谓语时,经过重新分析,"坏"降为补语。从语义层面看,动词"坏"具有"[＋结果]"和"[－非持续]"的语义特征,表示一个过程的终点,并且产生一定的结果,常位于连动结构的"V2"位置。前面的动词"V1"一般是具有起始点且能持续的强动义动词,如"击、射、烧、攻、摧"等。②

(50) 虏以畜产为命,今皆离散,兵即分出,虽不能尽诛,宣夺其畜产,虏其妻子,复引兵还,冬复击之,大兵仍出,虏必震坏。(汉代《汉书》)

在例(50)中,处于"V1"位置的动词"震"的动作意义强烈,具有明显的动作起点和动作过程,具有持续性,有终点。当"坏"出现在"震"后面的位置时,表示"震"的动作完成,以及该动作产生的结果。

此外,施春宏(2008)认为,动补结构(动结式)的产生与双动共宾结构的句法关系的变化密切相关,即在两个他动词构成的句法结构"Vt＋Vt＋O"中,后一个他动词经过自动词化(decausativization)的过程形成"Vt＋Vi＋O"。这是动结式产生的重

---

① 张伯江,方梅.汉语功能语法研究[M].南昌:江西教育出版社,1996:148.
② 张娟.中古汉语连动式研究[D].西南交通大学硕士学位论文,2010:36.

要方式。① 在例(50)中,谓语动词或述语动词"震"是他动词,具有及物性,为二价动词;动词"坏"原本是他动词,具有及物性,用作结果补语时,表现出不及物性,修饰宾语"虏",为一价动词。"震"和"坏"经过整合,构成动结式"震坏"。②

动词"坏"不仅可以作结果补语,还可以进一步虚化为程度补语,其极限程度之意源于其动词的杀害、死亡之意,是隐喻思维作用的结果。

(51) 臣弑君,凡在官者杀无赦;子弑父,凡在宫者杀无赦。杀其人,坏其室,洿其宫而猪焉。(汉代《礼记》)

在例(51)中,"杀其人""坏其室"和"洿其宫"是并列关系,是对"弑君"或"弑父"之人所处以的"杀无赦"的具体方式。从语境制约和语义搭配来分析,"杀""坏"和"洿"虽然所修饰的对象不同,但作为处以极刑的具体动作,其意义相关。换言之,"坏"所修饰的常规对象是物,如果将"坏"用来修饰人或有生命的物体,那么显然,一个生命体倒塌的最严重的或终极方式便是死亡或者失去生命。通过隐喻思维,当"坏"用作程度补语时,其死亡之意可以推导出极限程度之意。同时,动词语义在此含义中还有一定的沉积。"坏"的语义沉淀致使与其搭配的动词或者形容词一般具有贬义倾向,如例(26)中的"伤(坏了这个心)"和例(37)中的"吓(坏了孩子)"。但

---

① 施春宏.汉语动结式的句法语义研究[M].北京:北京语言文化大学出版社,2008:307—308.
② 关于述语动词和补语动词的整合过程和整合原则,参见施春宏(2005,2008)。

随着"坏"进一步语法化,其残留的语义消磨殆尽,纯粹表达极性程度,可以用来修饰一些中性色彩或者具有褒义感情色彩的词汇,如例(52)中的"忙"和例(53)中的"乐"。

(52)哪里呀,我这几天忙坏了,录制新作品。(曹青《不解的谜》)

(53)这下可把小磊乐坏了,他早就想养一条小狗呢!(程东《汪汪叫的小花猫》)

从形式上看,程度补语"坏了"出现在"V(动词)+坏了"和"A(形容词)+坏了"结构式中,而结果补语"坏了"出现在"V坏了"结构中。戴霞(2011)曾经指出,能够与程度补语"坏了"搭配的词语包括"乐、愁、冻、气、吓、撑、委屈"等动词及"紧张、累、忙、饿、热、急、着急、激动、闷"等形容词。不过,戴霞并没有穷尽式地考察语料,所以她所罗列的只是部分能够与程度补语"坏了"搭配的词语。从意义上来看,程度补语的意义指向前面的动词和形容词,表示动作或状态的实现或完成程度,表达知域义;结果补语表示动作的结果,语义一般指向作施事或受事的名词,表达行域义。

基于张谊生(2010)对程度补语"坏"和动词"坏"之间关系的概括①,笔者认为,用作程度补语的"坏了$_2$"与同形的"坏了$_1$"在语源上有联系,是"坏了$_1$"语法化的结果,但两者至少有3个区别:(1)前者意义空灵虚化,属于知域范畴;后者意义明确实在,属于行域范畴。(2)前者功能粘着定位,只能充当程度补语;后者功能自

---

① 张谊生.程度副词充当补语的多维考察[J].世界汉语教学,2010(2):5.

由灵活,可以充当谓语或结果补语;(3)前者可以轻读,后者读音不变。

5.3.3 "坏了"的语法化路径

在前文,笔者分析过:"坏了$_1$"在句中作谓语,具有及物性,后接宾语;移至句尾作谓语,具有不及物性。当"坏了$_1$"出现在条件句式"只要/只是……便/就坏了"中时,"坏了"的主语变成整个句子。由于句子中有其他谓语,"坏了"的语义就不再是句子的焦点,致使"坏了"的语义变虚,倾向于表达对整个句子的主观评价。当"坏了$_1$"的主语,尤其是作主语的小句省略后,"坏了$_1$"在形式上独立使用,与话语标记"坏了$_3$"的形式相似。"坏了$_1$"所在的句法环境为"坏了$_3$"的形成提供了句法和语义准备。

"坏了$_1$"出现在"V 坏了"结构中,用作结果补语,表示动词"V"所产生的结果。当动词"V"省略后,"坏了$_1$"在形式上连用,其结果意义的客观性也随着动词的省略而让步于主观性,从而为话语标记"坏了$_3$"的形成提供了句法环境和语义上的准备。

"坏了$_2$"出现在"V/A 坏了"结构中,用作程度补语,表示动词"V"或形容词"A"的完成状况或者程度。"坏了$_2$"是"坏了$_1$"的语法化结果。从语法化程度来看,"坏了$_3$"用作话语标记时,其语法化程度比用作程度补语的"坏了$_2$"更高,似乎是"坏了$_2$"进一步语法化的结果。但"坏了$_2$"的语义空灵虚化,只表示程度,如"忙坏了"和"高兴坏了",其最初的"倒塌了、崩溃了"的意义消失殆尽。而话语标记"坏了$_3$"虽然主要担当话语标记的程序性意义,但其概念意义仍然具有一定的沉积,并未完全消失。所以,从语义传承与发展的角度来看,笔者倾向于认为"坏了₃"来源于"坏了₁"。这也就解释了"坏了₃"用作话语标记时,在绝大多数的情况下,都表达了说话人对一件糟糕事件或情形的意外心情。

但是,我们同时需要注意到,正是因为"坏了₂"的语义空灵虚化,只表示程度,所以"坏了₂"不仅可以修饰贬义色彩的动词或形容词,如"伤心",也可以用来修饰中性色彩的词汇,如"忙",以及褒义色彩的词汇,如"高兴"。"坏了₂"用作程度补语时,其褒贬色彩淡化的特点对"坏了₃"的语用功能产生了一定影响,致使"坏了₃"在少数情况下,只是表达说话人的意外或者惊讶之情,带有一种调侃或者开玩笑的语气,具有表达幽默的功能,而并非强调当时情况非常糟糕。①

至此,我们可以大致描绘出"坏了"的语法化路径:

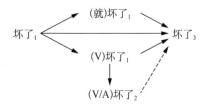

图 5.1 "坏了"的语法化路径

图中显示"坏了"的语法化有 3 种可能的路径:"动词'坏'＋体标记'了'"是"坏了"语法化的直接源头;"(就)坏了₁"和"(V)坏了₁"是另外两种演化路径。"(V/A)坏了₂"是"(V)坏了₁"的语法化结果。图中的虚线箭头表示"坏了₂"不是"坏了₃"的来源,但对"坏

---

① 关于话语标记"坏了"的幽默功能见第 7.2.2.3 节。

了₃"的语用功能产生影响。

这里,需要说明一下"坏了₃"源自动词"坏",而不是形容词"坏",其缘由有两点。

第一,从时间上来说,动词"坏"的用法早在先秦时期就已出现,动词"坏"和体标记"了"的连用形式在唐宋时期已经出现,如宋代柳永的词作品《八六子·如花貌》中说:"已是断弦尤续,覆水难收,常向人前诵谈,空遣时传音耗。漫悔懊。此事何时坏了。"而形容词"坏"的用法在清代才出现,例如《红楼梦》第二十回有"自己又不尊重,要往下流里走,安着坏心,还只怨人家偏心呢"的表述。

第二,从语义上来说,形容词"坏"表示不好或恶的意思时,强调事物的性质或者状态,一般使用光杆形式,不和"了"结合使用,如例(54)。动词"坏"表示倒塌、破坏、变质等意义的时候,表现出动作的变化或者结果,需要经常和助词"了"连用,意义才会变得完整,如例(55)和例(56)。此时,"了"参与词汇意义的建构,演化为词内成分(intra-word component)。①

(54)数这丫头<u>坏</u>!没准上次就是她接的电话。(王朔《修改后发表》)

(55)楼道上的摄像头<u>坏了</u>,我来看看是啥子问题。(李承鹏《寻人启事》)

(56)可是经过半夜又半天的行军,王小群的两只脚完全<u>坏了</u>!(杜鹏程《保卫延安》)

---

① 张国宪,卢建.助词"了"的再语法化的路径和后果[J].语言科学,2011(4):338.

从动词"坏"和形容词"坏"出现时间的先后,以及不同词性的"坏"具有不同的语义,对"了"的搭配要求不同这两方面看,"坏了₃"来源于动词"坏",而不是形容词"坏"。

5.4 "坏了"的话语标记形式

5.4.1 对话语标记"坏了"的识别

刘丽艳(2005)概括了学界对话语标记的认识:功能上具有连接性,语义上具有非真值条件性,句法上具有非强制性,语法分布上具有独立性和语音上具有可识别性。据此,"坏了"用作话语标记时具有以下特点:首先,"坏了"具有前后语篇衔接功能。在下面的例(57)中,海萍在家里等丈夫苏淳,一直等到四点半,丈夫还没有回来,而他以前从来没有这样不打招呼就在外留宿,所以在此背景下,海萍如坐针毡,话语标记"坏了"表现出她的心理反应,表明海萍突然意识到丈夫可能出事了。在"坏了"的后续语篇中,海萍开始猜测丈夫是否遇到车祸,并由此采取了一系列措施,如拨打110和120,以及第二天去丈夫的单位了解情况。其次,话语标记"坏了"的有无并不影响语句命题的真值条件和句法合法性。如果省略掉例(57)中的话语标记"坏了",其后续一连串话语,如"他搞不好出事了",语法性依然完整。最后,话语标记"坏了"经常出现在句首,不与相邻成分构成任何语法单位,且常用标点符号隔开,可以通过停顿、调值高低等来识别,具有较强的语法和语音可识别性。

(57)等到四点半,海萍如坐针毡了,"坏了,他搞不好出事了。车祸? 在医院? 为什么没人通知我?"(六六《蜗居》)

话语标记"坏了"经常出现在话语的开头位置,但也会出现在话语的中间位置,如例(58),还会出现在话语的结束位置,如例(59)。

(58)徐丽:"我上次怕乱放遗失了,特地藏在一个什么地方了。哎呀? 什么地方? 坏了,屁大点地方,我还给忘了。"(六六《蜗居》)

(59)甲:要了四个菜两个汤,一瓶酒,坏了!(相声《家堂令》)

从语言形式来看,除了例(57)、例(58)和例(59)中的单用形式,话语标记"坏了"还有重复使用形式,如在例(60)中出现两次,在例(61)中更是出现4次。此外,例(61)中的话语标记"坏了"还因为前后语篇信息在当前话语中没有出现而独立使用。

(60)孟二楞大吃一惊,急嚷道:"坏了,坏了,他们已经走了!"(马烽,西戎《吕梁英雄传》)

(61)她是高考时有一天考得不理想急赤白脸地奔回家来的样子,嘴唇干着,满脸热汗,进门就哆嗦着声音说"坏了坏了坏了坏了"……(铁凝《大浴女》)

我们需要将话语标记"坏了"与省略结构中的"坏了"区别开

来。省力原则是人类的生存法则之一。语言表达的经济性或省力原则使得在一定的上下文中作谓语或者在动补结构中作结果补语的"坏了"省略成光杆形式,但是交际双方利用已知信息可以完整处理被省略的信息,从而不影响交际的顺利进行。

(62)我趁机向"墩布"发难。"墩布先生,请问这生产线上的水泵,如果<u>坏了</u>,我们能不能用国产备件。"墩布一愣。然后随口说:"<u>坏了</u>就要到我们公司来买新的换上。"(不光《闯西南》)

(63)韩冬生仍在罢工。夏小丽扯着嗓子轰乘客们下车:"<u>坏了坏了坏了</u>,这车坏了不开了,下去下去下去!"(刘心武《刘心武精选集》)

在例(62)中,墩布先生口中的"坏了"是对前面"我"所说话语的一个简单重复,具有后照应功能(anaphoric reference),是条件句"如果生产线上的水泵坏了"的省略形式。例(63)中的"坏了"处于话语开头位置,具有前照应功能(cataphoric reference),是后续语句"这车坏了"的省略形式。

5.4.2 话语标记"坏了"的语体特征

语体分为口语语体和书面语语体。其中,独白和对话是重要的口头言语形式。

5.4.2.1 独白语体中的话语标记"坏了"

话语标记"坏了"经常出现在独白语体中。独白语体中的话语标记"坏了"表现为说话人内心独白和自言自语两种形式。

话语标记"坏了"和"想、心里说、暗自叫道"等心理动词或短语连用,属于内心独白,表明说话人对当前发生的情景突然醒悟或感到惊讶和意外。

(64) 一个陌生男人的声音传来:"海萍,我是宋思明,我送海藻过来住一晚,麻烦你开门。"海萍心里咯噔一下,想,坏了,肯定是出事了,赶紧开门迎接。(六六《蜗居》)

(65) 可是一天,说要挖防空洞。叫大伙在站台上排好队,然后说,一部分出身不好的上山采石头,一部分出身好的留下挖防空洞。跟着要点名,出身不好的站出来。我想,坏了,要露馅了,脸"刷"一下子热了,头也抬不起来。(冯骥才《一百个人的十年》)

(66) 刘少甫暗自叫道:"坏了,我们很可能已暴露!"说着就打发走那孩子,决定立即撤离。(鲁訇《康生迫害张文秋的历史恩怨》)

(67) 我脑子下意识响起一个声音:"坏了!跳楼!"不由自主猛地从沙发跳起来要夺门而出。(冯骥才《一百个人的十年》)

(68) 杨子荣心中一急:"坏了!这家伙回去一定先看我在不在,怎么办?"(曲波《林海雪原》)

(69) 江涛回过头来怔了一下,心里说:"坏了!敌人真的要下毒手!"(梁斌《红旗谱》)

自言自语式的话语标记"坏了"是发出声音的,声音有大有小。

多数情况下,因为事发突然,出乎预料,所以,说话人通过大声地表达"坏了",来宣泄内心的极度意外,如例(70)。

(70)丽鹃浑身鸡皮疙瘩爆起,大喊一声"坏了!"就冲进厕所。(六六《双面胶》)

"坏了"是说话人对所见所闻或所想的一种心理反应或者一种主观评价。因此,独白语体中的话语标记"坏了"具有较强的主观性,表达了说话人对于所说话语的立场、态度和情感,在话语中留下自我的印记。①

5.4.2.2 对话语体中的话语标记"坏了"

在对话语体中,说话人通过话语标记"坏了",将自己的评价性话语或反应态度传递给对方。

(一)话轮起始标记

话语标记"坏了"标志着意外事件的发生或者意外状态的出现,亦即一个新情况或新话题出现。因此使用该话语标记,一方面表达说话人的意外之情或突然醒悟;另一方面也可以引出话题,开始话轮。

(71)次日天明,山东马也就望褡裢套的里边一摸,说:"坏了,我忘了带着银子了,兄弟你给他吧。"梦太说:"好,都是小弟我的事,你不必挂念,那算什么。"(清代《康熙侠义传》)

---

① 沈家煊.语言的"主观性"和"主观化"[J].外语教学与研究,2001(4):268.

在例(71)中,山东马意外发现自己没有钱,通过"坏了",引出"银子"的话题,让对方支付住宿和吃饭的银两。

在开启话轮时,话语标记"坏了"常与称呼语连用,起到明确交际对象的作用,如例(72)中的"老魏,坏了"。

(72)魏明正忐忑不安,只见同村的尹行拨开玉米叶子,喘着粗气向他跑过来,满脸惊疑地说:"老魏,坏了,我那块大田被炸了!"(苏殿远,张运通《107个陪葬武士俑——汉高祖刘邦墓群被盗特大侦破记》)

(二)话轮承接标记

通过话语标记"坏了",说话人表达出对对方刚刚结束的话语的惊讶态度。"坏了"是对当前相关话题的一种评判,衔接了前后话轮。

(73)张妃道:"这节事不稳,倘然朝廷问起,说怎么私进长安?……倘反坐起来,就当不起了。"王爷听了这话,目瞪口呆,忙说:"坏了!坏了!如今怎么处?"(清代《说唐全传》)

在例(73)中,当前文中的张妃陈述了事情的利害关系后,王爷的反应是突然醒悟。话语标记"坏了"表明王爷醒悟后却又不知所措的紧张心情。

(三)话轮转换标记

毗邻应对是一种自然的承接关系,但是当话语标记"坏了"引出一件与当前话题不相关的、完全超出预期或者反预期的事件时,话语标记"坏了"就起到了转换或插入话题的作用。

(74)徐佐领闻言,哈哈奸笑不已,刚要说话,突见一个衙役跑进来,一跤跌在地下,慌张道:"大人,坏了,胡大帅帐下来了兵马,把府门都封了!"王知府和徐佐领大惊,一脸奸笑全凝结在了脸上,代之以恐怖的抽搐。(朱秀海《乔家大院》)

在例(74)中,王知府和徐佐领原本正在密谋将嫌疑人等刑讯逼供、屈打成招之事,就在这时,"胡大帅"胡叔纯已带兵包围了知府衙门。所以,危急之下,衙役也顾不上言语的礼貌表达了,通过话语标记"坏了"直接插话,打断话题,从而向知府汇报意外的新情况:"胡大帅帐下来了兵马,把府门都封了!"

(四)话轮结束标记

前文已述,话语标记"坏了"主要出现在话语的开头和中间位置。"坏了"之后多数会出现一些解释性的语言来说明"坏了"的原因,如在例(74)中,"坏了"的原因是"胡大帅帐下来了兵马,把府门都封了"。除了解释性话语,后续话语也可能是对"坏了"的情形所采取的解决措施,或表达试图去解决的意愿,如例(73)中的"如今怎么处"。但是,当出现在当前话轮结尾处时,话语标记"坏了"标志着相关话题讨论的结束。

(75)不许说!不许说!你已经说出来了,坏了,坏了!(欧阳山《苦斗》)

例(75)中的话语表达的正常序列应该是"不许说!不许说!坏了,坏了!你已经说出来了。"在该话语中,"你已经说出来了"是

"坏了"产生的原因。如果将该原因置于话语标记"坏了"之前,这个正常的因果关系序列反而会破坏"坏了"的反预期性,此时说话人通过"坏了"所要传递的意外程度就会降低。因此,例(75)中的"坏了"承担起归纳总结、结束话轮的作用。

5.5 小结

"坏了$_1$"最初是一个松散结构,由动词"坏"后接体标记"了"构成,后移至句尾作谓语,具有不及物性。"坏了$_1$"在"V 坏了"结构中用作结果补语,动补结构"V 坏(了)"来源于并列结构和连动结构"V 坏(了)"。"坏了$_1$"本义表示倒塌、崩溃,属于行域范畴。"坏了$_2$"用作动词或者形容词的程度补语,主观性增强,属于知域范畴。"坏了$_3$"用作话语标记,能够直接实施言语行为或者对言语行为起到强化作用,属于言域范畴。

话语标记"坏了"不仅出现在对话语体中,对话轮起到组织作用,还经常出现在独白语体中,表现出说话人特定的心理活动。

"坏了$_1$"表行域义,基本上是构成成分"坏"和"了"的语义的叠加,最初表达客观意义,后来逐渐呈现意义的主观性。"坏了$_2$"和"坏了$_3$"分别表达知域义和言域义,这些意义很难从成分义直接推导出来,且这些意义的主观性呈递增趋势。换言之,"坏了"用作构式,其知域义和言域义的主观性相较于最初行域义的客观性具有不可预测性。

从构式发生的语言层次来看,"坏了"用作构式,主要表现为程度补语"坏了$_2$"和话语标记"坏了$_3$"。

"X了"双音构式的语法化规律

在对"够了""糟了"和"坏了"的语法化现象进行描写之后,笔者发现,虽然这些个案各自经历了具体的演变发展过程,但其背后的语法化规律具有共性。吴福祥(2005)指出:"'揭示语法演变的规律'就是对语法演变作出概括和解释,即:(ⅰ)概括语法演变的路径;(ⅱ)指出语法演变的机制;(ⅲ)解释语法演变的动因。"① 沈家煊(2004)也提到研究语言的演变需要回答这3个问题。在本章中,笔者分别从动因、机制和路径这3个层面对现代汉语"X了"双音构式的语法化规律进行总结,并讨论"X了"双音构式在语法化过程中的主观化现象。

6.1 "X了"双音构式的语法化动因

"X了"双音构式的语法化动因主要包括句法位置、经济原则、频率原则、双音化和语言间接接触等。

---

① 吴福祥.汉语历史语法研究的目标[J].古汉语研究,2005(2):2.

6.1.1 句法位置

解惠全(1987)指出:"实词的虚化,要以意义为依据,以句法地位为途径……一个实词由于经常出现在某个适于表示某种语法关系的位置上,从而逐渐变成了专门(或主要)表示这种语法关系的虚词……状语和补语的位置最容易发生实词虚化,这是因为表示范围、程度、时间,以及处所、工具、原因、对象等关系的词语一般都出现在这两个位置上……主语、谓语、宾语的位置一般是不能发生虚化的,因为它们是句子表达意思的中心所在。"[①]

首先,我们回顾一下"够了"的句法位置。"够了"的句法位置主要有4种,经历了3次位置变化:"够了$_1$"作为句中核心谓语,后接宾语;"够了$_1$"作为核心谓语,但具有不及物性,位置后移;"够了$_2$"出现在充当核心谓语的动词结构之后,用作补语,其语法功能开始虚化;"够了$_3$"出现在句首,作为话语标记。

同样,"糟了"的句法位置也主要有4种,经历了3次位置变化:动词性短语"糟了$_1$"由动词"糟"后接体标记"了"构成,是个松散结构,但具有及物性,可以后接宾语,在句中充当核心谓语;随着"糟了"的语法属性转向形容词性短语,原来的受事宾语在话题化机制的作用下提前充当主语,"糟了$_2$"相应成为形容词性谓语,句法位置后移;形容词性短语"糟了$_2$"出现在"V+糟+了"构式中,在核心谓语动词"V"之后作补语,"糟了$_2$"的语法功能弱化;"糟

[①] 解惠全.谈实词的虚化[A].语言研究论丛(第4辑)[C].天津:南开大学出版社,1987:213—217.

了₃"作为话语标记出现在句首。

再看"坏了"的句法位置。"坏了"的句法位置同样有4种,经历了3次位置变化:"坏了₁"由动词"坏"后接体标记"了"构成,是个松散结构,可用作及物性动词短语,也可用作不及物性动词短语,在句中充当核心谓语;当"坏了₁"出现在"动词+坏了"构式中,用作结果补语时,意义指向所描述的名词,其句法位置后移;再次,"坏了₂"出现在"动词+坏了"构式和"形容词+坏了"构式中,"坏了"充当核心谓语的动词或者形容词的程度补语,其语法功能进一步弱化;最后,"坏了₃"经常作为话语标记出现在句首。

综上,"X了"处在句中谓语位置时,表达一种客观意义或者现实关系;"X了"出现在句尾位置时,尤其是出现在条件句"只要……,就'X了'"中时,条件关系仅表示事物间抽象的、有规律的联系,不涉及现实性。从现实句到非现实句是意义虚化的表现,是去语义化现象,而去语义化是典型的语法化过程。① 此外,在条件句中,"X了"和主语的关系变为和句子的关系,开始游离于句子之外;加之,句子本身有谓语动词,"(就)X了"的语义逐渐由实变虚,倾向于表达对句子的一种主观评价。出现在补语位置时,由于前面的动词或形容词处于核心谓语地位,"X了"的语法功能弱化,语义依赖于核心谓语。当核心谓语省略后,"X了"的语义变得更虚。

所以,"X了"的句法位置后移促使"X了"完成了语法化进程。从"X了₁"到"X了₂"再到"X了₃"的发展演变是"X了"句法功能不断扩展的结果。"X了₃"成为话语标记主要是由于特定语境中位

---

① 张国宪,卢建.助词"了"再语法化的路径和后果[J].语言科学,2011(4):340.

于"X了"之前的相关成分被省略所致。这些相关成分的省略,一方面使得"X了"具备了话语标记的句法独立地位,另一方面也将"X了"推向句首的句法位置。这是"X了"虚化为话语标记的基本句法条件。

6.1.2 经济原则

语言的经济原则又称作语言的经济性。语言经济原则必须以保证完成语言交际功能为前提,同时人们有意无意地对言语活动中力量的消耗作出合乎经济要求的安排。从这一原则出发能够对言语结构演变的特点和原因作出合理的解释。①

根据前文的分析,我们知道"够了"主要在主谓结构"S(就)了"中作核心谓语和在动补结构"V够了"中作谓语动词的补语。当各种语境信息清晰完备的时候,在语言经济原则的作用下,有些成分可以被省略掉。

试析下列几例:

(1)(银角大仙)走上殿来,问说道:"贫道的小术,可拿得南朝那个金碧峰么? 可拿得南朝那个张真人么?"番王不胜之喜,说道:"够了! 够了! 但不知先生这件兵器,可有个名字没有?"(明代《三宝太监西洋记通俗演义》)

(2)张玉峰摸出四吊钱的帖儿,说:"可够了?"掌柜的说:"够了。"(清代《康熙侠义传》)

---

① 冯志伟.现代语言学流派[M].西安:陕西人民出版社,1987:135—136.

(3) 褚标见张桂兰已走,便向上喊道:"张贤弟,黄贤侄,够了,不要杀了。你俩下来歇一会儿,再议罢!"(清代《施公案》)

例(1)中的"够了"显然是"银角大仙的小术(武艺)够了"的缩略形式。例(2)中出现了两个省略句,分别可以完形为:"四吊钱可够了?"和"四吊钱够了。"这两句都是语句主语省略的情况。例(3)则是动补结构"杀够了"或"你俩杀够了"的省略情况。

同理,在语言经济原则的作用下,动词性谓语"糟了₁"、形容词性谓语"糟了₂"和补语"糟了₂"所在的句式可能会被省略成"(就)糟了"的形式。交际者根据语境,可以推导出被省略的信息。

(4) 说着,只见他退了两步,果然照褚大娘子前番说的那光景,把小眼皮儿一搭撒,小脸儿一括搭,小腮帮子儿一鼓,抄着两只手在桌儿边一靠,凭你是谁,凭你是怎样和她说着,再也休想她开一开口。这事可糟了,糟很了!糟的没底儿了!(清代《儿女英雄传》)

在例(4)中,"糟很了"和"糟的没底儿了"都是省略了主语"这事",是对前面谓语"糟了"的重复和强调,表明"糟了"的程度之深。

(5) 黄抚台才默然无语,一回又发狠道:"无论如何,这沈翻译我是一定要打发他的了。"张显明站起来走近一步,低低的说道:"大人!难道忘了这沈某是方宫保荐过来的吗?"黄抚台这才恍然大悟,说道:"不错,不错,这沈翻译是方宫保方亲家荐来的,我如何忘了!真真老湖涂!幸而还好,这句话没有说出口,要不然,方亲家知道了,岂有不招怪的么?如今我仰仗方亲家的地处正多哩。"一面说,一面又谢张显明道:"幸亏你老兄提醒了我,否则<u>糟了</u>。"说罢哈哈大笑。(清代《文明小史》)

对例(5)中的"糟了"有两种理解方式。第一种是"糟了"用作形容词性谓语,被省略的成分是小句的主语,我们可将该句还原为:"如果我(黄抚台)打发了他(沈翻译),那就糟了。"第二种是其用作动词补语,省略的成分是主语和谓语,我们可将句子还原为:"如果我打发了他,那就弄糟了。"

此外,笔者发现,在语言经济原则和双音化的作用下,话语标记"糟糕了"也可能会缩略成"糟了"。因此,话语标记"糟了"一方面是自身演变的结果,另一方面是话语标记"糟糕了"的省略形式。

(6) 审判员看了看,退了给他。他这时才发现工会会员证上有一块黑黑的污点。他想:<u>糟糕了</u>,审判员一定看到这个污点。(周而复《上海的早晨》)

例(6)中的"糟糕了"是话语标记,表示说话人感到十分意外和突然醒悟,具有反预期之意,可以用"糟了"替换,或者省略成"糟了"。

就"坏了"而言,当"坏了"作谓语或补语时,通常表现为位置后移。在特定语境中,为了避免语境信息重复,在语言经济原则的作用下,"坏了"所描述的对象往往被省略掉,于是出现了"坏了"独立使用的现象,但交际双方可以根据语境将"坏了"的结构和信息进行完形处理。如例(7)中的"坏了"与"错了"具有因果关系或语义并列关系,在句中用作谓语。

(7) 以下人不能识得损益之宜,便<u>错了</u>,<u>坏了</u>,也自是立不得。因只是因这个,损益也是损益这个。(宋代《朱子语类》)

(8) "小吕!过来!这把剪子交给你,由你自己使:钝了自己磨,<u>坏了</u>自己修,绷簧掉了——跟公家领,可别老把绷簧搞丢了。小人小马小刀枪,正合适!"(汪曾祺《羊舍一夕》)

根据上下文信息,例(8)中的"坏了"应该是动补结构"使坏了"的省略形式,"坏了"作动词"使(用)"的结果补语。

总之,虽然此时的"X了"只是一种省略形式,但语言经济原则使得"X了"至少在形式上可以独立使用,其组合关系更加紧密,为"X了"非词结构独立使用的程度和频率增加奠定了基础。

6.1.3 使用频率

A. 梅耶(1912)曾指出"虚化的程度跟使用频率成正比"。[①] 换言之,一个语法化的候选者相对于其他参与竞争的候选者,其使用

[①] 沈家煊."语法化"研究综观[J].外语教学与研究,1994(4):17.

频率越高,那么它发生语法化的可能性就越大。① 使用频率对"X了"构式的语法化产生了重要影响。

基于北京大学中国语言学研究中心语料库,笔者对"够了""糟了"和"坏了"单独使用的情况进行了历时统计。同时,因为"X了"单独使用的情况表现为省略的句法结构和话语标记"X 了$_3$",所以笔者进而统计了"够了$_3$""糟了$_3$"和"坏了$_3$"的具体使用情况,分别计算出"X 了$_3$"的 3 个个案的出现频率。

表 6.1　"够了"的单用情况和"够了$_3$"出现的频率

	宋代	元代	明代	清代	民国	现当代
"够了"单用	0	2	3	29	7	209
"够了$_3$"	0	0	0	15	3	169
百分比	0%	0%	0%	51.7%	42.9%	80.7%

表 6.2　"糟了"的单用情况和"糟了$_3$"出现的频率

时期	明代	清代	民国	现当代
单用"糟了"	0	16	33	135
"糟了$_3$"	0	12	26	120
百分比	0%	75%	78.8%	88.9%

---

① 吴福祥.语法化与汉语历史语法研究[M].合肥:安徽教育出版社,2006:3.

表 6.3 "坏了"的单用情况和"坏了₃"出现的频率

	宋代	元代	明代	清代	民国	现当代
"坏了"单用	3	0	4	22	50	153
"坏了₃"	0	0	4	19	48	148
百分比	0%	0%	100%	86.4%	96%	96.7%

我们从表中可以看到,"X 了"单独使用的情况总体上呈上升之势,且用作话语标记的"X 了₃"在单独使用的"X 了"中的比例迅速提高,从而加强了"X 了₃"作为话语标记的用法。

具体而言,"够"的用法最早出现在宋代,但"够了"的单用用法始现于元代,有两例。在明代,单独使用的"够了"出现了 3 次。但是,到了清代,"够了"单独使用的情况增加到 29 例。"够了"逐渐升高的单独使用频率加速了"够了"的语法化进程,用作话语标记的"够了₃"在清代开始出现。到了现当代,"够了₃"在单独使用的"够了"中的比例迅速提高,达到 80.7%。

"糟了"的连用形式虽在明代开始出现,但单独使用的形式在清代才开始出现。从清代到民国,再到现当代,"糟了"的单用形式的数量呈明显上升趋势。话语标记"糟了₃"在单用形式中所占的比例也是呈现逐步上升的趋势,在这 3 个时期分别达到了 75%、78.8%和 88.9%。

"坏了"的连用且单用形式最早出现在宋代,共出现 3 例,均是省略形式。元代没有出现"坏了"单独使用的情况。从明代开始,"坏了"单独使用的情况呈明显上升趋势。话语标记"坏了₃"出现在明代,且明代的 4 例单用实例均为话语标记形式。从统计结果来看,"坏了"逐渐频繁的单独使用情况加速了"坏了"的语法化进程,用作话语标记的"坏了"在"坏了"的单用情况中的比例非常高,总体呈上升趋势。

6.1.4 双音化

上古汉语词汇是以单音节词为主体。双音化的普遍出现是在中古时期,此时,出现了上古汉语的词由单音节转换为双音节的现象。① 双音化指"两个音节构成基本韵律单元(音步)的倾向,在这个韵律单元的作用下,两个紧邻出现的单音节词就有可能'复合'成一个语言单位"。②

董秀芳(2002)曾从认知角度来阐释双音现象,认为双音词的衍生与人脑加工信息有关。由于人脑记忆能力有限,为了减轻记忆负担,人在理解语句时,利用组块(chunking)处理信息。"当构成一个句法单位或者虽不构成一个句法单位但在线性顺序上邻接的两个词由于某种原因经常在一起出现时,语言使用者就有可能把它们看作一体来加以整体处理,而不再对其内部结构作分析,这就使得二者之间原有的语法距离缩短或消失,最终导致双音词从旧有的句法构造中脱胎出来。"③

例如,就"够了"而言,单音节动词"够"充当谓语时,在韵律促动下,和"了"构成连用形式。当"够了"用作及物性的谓语时,"了"具有体标记特征。

---

① 杨晓黎.汉语词汇发展语素化问题刍议[J].汉语学习,2008(1):54.
② 吴为善.双音化、语法化和韵律词的再分析[J].汉语学习,2003(2):8.
③ 董秀芳.词汇化:汉语双音词的衍生和发展[M].成都:四川民族出版社,2002:45.

(9) 二位姑娘病好了之后,遂商议回江苏打听众位老人家的事情。姑娘都够了岁数啦,在胜宅之时红玉与银凤为的是借房子就亲。(清代《三侠剑》)

同样,单音节动词"糟"充当谓语时,在韵律促动下,和助词"了"构成动补结构,或者形容词"糟"与"了"组合成形补结构。双音化的影响能够解释为什么话语标记"糟了"比话语标记"糟糕了"更加常用。在北京大学中国语言学研究中心语料库中,"糟了"这个连用形式共出现 748 次,其话语标记用法多达 186 例;而"糟糕了"连用形式共出现 184 例,但其话语标记用法不足 10 例。

话语标记"糟了"的另外一个变体"糟糕"是一个形容词,其作为话语标记的用法始现于民国时期,要略晚于清朝出现的"糟了"的话语标记用法。

(10)(乾隆皇帝)忙传管宫太监时,那太监跪称:"香妃和一班宫女,都被太后宣召去了。"乾隆皇帝听了,忙把靴底乱顿,嘴里连说:"糟糕!糟糕!"(民国《清宫十三朝演义》)

(11) 别人看了这公文犹可,独有汪绅士看了这张公文,不住地跺着脚,嘴里连说:"糟糕!糟糕!苦了我这两个女孩儿呢!"(民国《清宫十三朝演义》)

同样表现为双音形式,但"糟糕"的话语标记用法不如"糟了"常见。笔者利用北京大学中国语言学研究中心语料库,统计出"糟糕"的出现次数共为 3 234 次,其中话语标记用法不到 70 例,该频率远低于"糟了"。汉语的双音化趋势促使动补结构的产生,动补结构形成的本质是谓语中心动词和结果成分融合成一个单一的句法单位。[1]

双音化促进了"X"与"了"的组合。"X了"构式经历语法化而演变为话语标记。在汉语双音化韵律单元的"桎梏"作用下,"X了"由最初松散的"动词+体标记"形式最终固化为表示特定语气的话语标记。双音化的韵律要求是"X了"结构最终语法化的一个动力源泉。

6.1.5 语言接触

在前文分析"够了""糟了"和"坏了"的语法化动因时,我们具体讨论了句法位置、经济原则、双音化和频率原则对"X了"构式语法化过程的作用和影响。吴福祥(2009)认为语言内部因素和语言之间的接触都可以引发语法化过程。换言之,语法化可以分为两种,即语言内部独立发生的语法化和语言接触引发的语法化。

就语言接触而言,又可以分为直接接触和间接接触两种。前者指使用不同语言的人直接进行口头语言交际,后者指使用不同语言的人通过书面语或现代通讯媒体进行间接交际。[2] 语言间接接触的方式之一是翻译。翻译在多种语言的发展过程中起过重要作用,它不仅会影响本族语的词汇系统,还能促进语言多样化和各种语言变体的出现。结合汉语史和中国翻译史来看,中国几次翻译的高峰期对汉语言产生了很大的影响。比如,汉语通过佛经翻

---

[1] 石毓智.汉语发展史上的双音化趋势和动补结构的诞生[J].语言研究,2002(1):1—12.
[2] 冯莉.从"相对"看间接语言接触导致的语法化[J].学术交流,2012(9):167.

译借入了梵文中的"涅槃、菩提"等词汇,通过明末清初的科技翻译借入了"几何、地球"等名词,通过五四运动前后的西学翻译借鉴了西方语言的一些语法模式。王力先生(1984)曾注意到西方语言中长句使用许多补充的话的现象,"补充的话,往往是省去也无损于大意,加上了它,显得语言和文章更加谨严,令人无懈可击"①,"五四以后汉语的句子结构,在严密化这一点上起了很大变化……要求联结词(以及类似联结词的动词和副词)不要省略"。②

总体上看,翻译挖掘了汉语原有言语表达形式的表达潜力,或者丰富了其表达形式,或者加速了其表达形式的语用化进程。③ 通过翻译方式带来的语言接触对"X 了"构式的语法化进程也起到了一定的推动或强化作用。笔者基于北京大学中国语言学研究中心语料库,先统计出古代汉语和现代汉语阶段中的"够了""糟了"和"坏了"用作话语标记的情况,然后统计出现当代翻译作品中,这些"X 了"构式用作话语标记的情况。统计数据如下:

表 6.4 翻译作品中的"X 了"双音话语标记数量统计

	古代汉语	现代汉语	翻译作品
"够了$_3$"次数	18	169	91
"糟了$_3$"次数	38	120	46
"坏了$_3$"次数	71	148	3

---

① 王力.中国语法理论[M].王力文集(第一卷).济南:山东教育出版社,1984:451—457.
② 王力.中国语法理论[M].王力文集(第一卷).济南:山东教育出版社,1984:480.
③ 秦洪武,李婵.翻译与现代汉语对比类话语标记使用的历时变化[J].外文研究,2014(4):80.

表中数据显示,从古代汉语到现代汉语,"够了""糟了"和"坏了"等"X 了"构式用作话语标记的数量总体呈上升的发展趋势。但是,当笔者对三者在古代汉语和现代汉语两个阶段的使用情况进行对比时,发现了这种发展呈现出不平衡的状态:"够了$_3$"从古代汉语到现代汉语阶段猛增了 9 倍多,"糟了$_3$"增加了 3 倍多,但是"坏了$_3$"只增加了两倍。同时,从翻译作品中的"X 了"话语标记数量来看,"够了$_3$"和"糟了$_3$"使用频率高,分别是 91 例和 46 例,而"坏了$_3$"只有 3 例。从这些数据中,我们可以得出一个结论:"X 了"话语标记数量从古代汉语阶段到现代汉语阶段呈增加趋势,其增加的幅度与翻译作品中的"X 了"话语标记使用数量存在一定的正相关关系。

显然,近代汉语就已存在"够了$_3$""糟了$_3$"和"坏了$_3$"的用法,只是到了现代汉语阶段,这些话语标记使用更加频繁。但是,目前笔者所调查的翻译语料有相当一部分是在当代发表的作品。因此,尚不能得出这样的结论:翻译作品中的"X 了"话语标记是现代汉语"X 了"话语标记的一种来源。但是,我们可以这样说:翻译作品中的"X 了"话语标记的频繁使用,对现代汉语"X 了"话语标记地位的巩固起到了推动作用。诚如吴福祥(2009)所言,很多语言里的语法化过程很可能是由语言接触促动或加速的。[①] 我们这里所谈的是语言接触对"X 了"双音构式的语法化过程有加速和巩固作用。

---

① 吴福祥.语法化的新视野——接触引发的语法化[J].当代语言学,2009(3):193.

6.2 "X了"双音构式的语法化机制

本书主要从认知隐喻和重新分析两方面来揭示"X了"双音构式的语法化机制。

6.2.1 认知隐喻

人类认知的发展过程总是从具体到抽象的。人类对世界感知后产生的经验使人们从具体事物的原型向外扩展,直至边缘成员,再发展到更为抽象的事物和概念,这是一个由低级到高级的思维发展过程。从认知角度看,隐喻不仅是语言手段,更是人类普遍的认知思维方式。

第一,认知隐喻作用于语义的泛化过程。海涅等人(1991)提出了语义泛化的序列:人＞物＞活动＞空间＞时间＞性质(person ＞ object ＞ activity ＞ space ＞ time ＞ quality)。① "够了$_1$"表示具体的数量满足需要,和人的衣食住行等具体事物有关,属于序列中的"物"。语义泛化了的"够了$_1$"表示抽象的满足需要,和人的行为动作或心理需要有关,属于序列中的"活动"。"够了$_2$"表示程度,"够了$_3$"表示否定语气,两者属于"性质"范畴。

动词短语"糟了$_1$"的本义是用酒糟腌制,和人类饮食活动相关。当它表达糟蹋之意时,所描绘对象亦与人类身边事物相关。

---

① Heine, B., Claudi U. and Hunnemeyer, F. Grammaticalization: A Conceptual Framework [M]. Chicago: The University of Chicago Press, 1991:48.

因此,腌制之意和糟蹋之意属于该语义序列中的"物"和"活动"范畴。用作形容词性短语时,"糟了$_2$"描述某种事物所处的状态,属于"性质"范畴。用作话语标记时,"糟了$_3$"表明说话人特定的语气和态度,没有明确的意义指向,属于更为抽象的"性质"范畴。

"坏了$_1$"的本义是倒塌、崩溃,用于描写人类居住的房屋或城墙,与人类自身生活休戚相关,而且房屋倒塌是物体在特定空间和时间范围内的一种变化,有较强的空间感。而其引申义"变质;革职,免官;杀害;破费,花费"等涉及人类生活的方方面面,其空间概念不明显,但以时间为载体的前后变化明显,如"变质:好——坏;革职:当官——丢官;杀害:生——死;花费:有钱——没钱"。"坏了$_2$"用作程度补语时,表示相关动词或者形容词的极限程度。话语标记"坏了$_3$"表达了说话人特定的语气和态度。这两者都属于语义泛化序列中的"性质"范畴。

第二,从认知角度看类推,它是从一个概念投射到另一个相似的概念,是概念的隐喻。例如,"他许你回家"中的"许"(准许)表示某人做某事不受权威的阻碍,而"他许是回家了"中的"许"(也许)变为表示作出某一结论(他是回家了)不受阻碍。两个概念相似但不相关,发生的是隐喻,是类推。[①] 哈里斯和坎贝尔(1995)认为,类推会引起语法表层形式的变化,但语法深层结构不会很快发生改变。因此,类推是对已经存在的句法规则的一种推广和应用。"X了"结构最初描述具体事物,后来经过类推和句法扩展,可以描述动词和小句,最后用作话语标记,描述对话语所持的语气和态度。

---

① 沈家煊.语用原则、语用推理和语义演变[J].外语教学与研究,2004(4):243.

6.2.2 重新分析

重新分析是语法化的重要机制。哈里斯和坎贝尔(1995)将重新分析定义为"一种改变句法结构的底层结构却不涉及表层表现的任何直接或内在的调整的机制"①,或"一个结构式在不改变'表层形式'(surface manifestation)的情况下'底层结构'(underlying structure)发生了变化。"② 霍珀和特劳戈特认为,最典型、最常见的重新分析是两个成分的融合,使得原来的边界消失,而典型的融合是复合词化,即原来两个或者更多的词凝固成了一个。例如,他们在分析"be going to"的语法化时,将表示空间位移的"(be going) to"重新分析为表示将来概念的"(be going to) do"。简单地说,句子还是原来的句子,其形式并没有发生变化,但由于人们的理解发生了变化,句子被赋予了一种新的意义。

重新分析对于动补结构"VX了"的来源和"X了"跨层结构有很强的解释力。

第一,关于动补结构"VX了"的来源。

首先,就"够了"而言,随着主语突破名词界限后,动词"V"充当主语,演变为"V+够了"的主谓结构,"够了"的修饰范围扩大。在"V+够了"主谓结构中,动词"V"和动词短语"够了"竞争核心谓语位置。根据句序,前面的动词"V"充当主语,"够了"作核心谓语。但当小句充当主语时,小句中的动词"V"和"够了"再次竞争核心谓语,结

---

① Harris, A. C. and Cambell, L. Historical Syntax in Cross-Linguistic Perspectives [M]. Cambridge: Cambridge Unviveristy Press, 1995:61.
② 吴福祥.汉语历史语法研究的目标[J].古汉语研究,2005(2):3—4.

果"够了"降为"V"的补语。例如,在例(12)中,动词短语"打两盏儿来"用作主语,"够了"则是核心谓语,表示数量满足了。

(12)小的们,打些酒来,我与奶奶吃一杯。你来,我和你说,你休打多了,则打两盏儿来够了。(元代《布袋和尚忍字记》)

(13)老官人,不要怪我老人家多嘴。你自从开这卦铺已来,也赚的够了,刚刚吃拿了一个银子去,便关上铺门,何等小器。(元代《桃花女破法嫁周公》)

(14)狄周媳妇在旁听的不耐心烦,说道:"大嫂,你怎么来!他合你有那辈子冤仇,下意的这们咒他!你也不怕虚空过往神灵听见么?"又说狄希陈道:"他也咒的够了,你不去罢?还等着咒么?"(清代《醒世姻缘传》)

在例(13)中,"赚的够了"可以解读为"赚的(钱)够了"和"赚够了",前者"够了"作核心谓语,后者作谓语的补语。在例(14)的"他也咒的够了"中,"他"作主语,"咒"是核心谓语,而"够了"需要重新分析为"咒"的补语。需要指出的是,重新分析只能解释"够了"从谓语动词降为动词补语的现象,并未直接产生"够了"语法化的结果。但是,经过重新分析,"够了"的语法功能和语义的变化都加速其语法化的进程,在"V 够了"结构中,"够了"的语义出现隐性的否定倾向,这与后来充当话语标记的"够了$_3$"的语义有密切关系。

其次,"糟了"和"够了"具有相似的句法环境。在最初的"主语+糟了"句式中,主语一般由名词担当。当主语突破名词界限后,由动词或小句作主语,形成"只要……就糟了"条件句式。作主语的小句中含有动词,该动词和"糟了"竞争核心谓语,"糟了"就有可能用作补语,形成"V 糟了"动补结构。

(15)大英雄说道:"三大爷,这个可不怨我,他长的太<u>糟了</u>。"(清代《三侠剑》)

我们可以将例(15)中的"长的太糟了"分别解读为:第一,他长的样子太糟了;第二,他长这个样子,就糟了;第三,他长糟了。第一种是一般的主谓结构;第二种是小句作主语,"糟了"作谓语;第三种是动补结构作谓语,其中,"糟了"是核心谓语"长"的补语。

最后,动补结构"V 坏了"的来源与"V 够了"和"V 糟了"有所不同。笔者在第 5.3.2 节中分析过动补结构"V 坏了"是双动词并列结构或连动结构重新分析的结果。这里不再赘述。

第二,从"(就/便)X 了"和动补结构"VX 了"到省略形式"X 了"也是重新分析的结果。这样生成的"X 了"组合形式实质上是一个跨层结构。跨层结构是指"不在同一层次上的两个成分在发展过程中跨越原有的组合层次,彼此靠拢,逐渐凝固,最后组合成一个新的结构体。这种新的结构体可称之为'跨层结构'"。[①] 跨层结构经历了"未始——已始——完成"3 个阶段,这 3 个阶段构成了跨层结构连贯的"发展链"。

吴竞存和梁伯枢(1992)进而指出跨层组合发生的直接原因包

[①] 吴竞存,梁伯枢.现代汉语句法结构与分析[M].北京:语文出版社,1992:352.

括：(1)两个相邻成分经常连用,构成"常项","常项"使用久了,就会有凝固的倾向；(2)"常项"的组成成分出现语义(语法意义和词汇意义)、功能,甚至语音的变化(通常是虚化、弱化)；(3)成分省略也可直接或间接地引起两个本来不在同一层次的成分发生跨层组合。董秀芳(1997)从语音、语法和修辞角度探讨了跨层结构的形成原因。其中,从语音视角看,汉语十分注重韵律节奏,汉语最常见的节奏模式是两个音节为一个音步,由于韵律的需要,一些原本不在同一语法层次上的语言结构被连读在一起,久而久之,就会粘合成一个跨层结构。①

在"只要……就/便 X 了"句式中,作谓语的"就/便 X 了"的结构层次是"就/便 X｜了","X"和"了"不是直接成分。当副词"就/便"省略后,"X"和"了"之间的界限消失,经过重新分析,形成"X 了"形式。

同理,动补结构"VX 了"的结构层次是"V+X｜了",是"X 了"发展为跨层结构的未始阶段。在语言经济原则和双音化等动因作用下,动词"V"省略后,"X"和"了"经过重新分析,构成"X 了"组合形式,它们之间的句法界限消失,是跨层的已始阶段。高频使用后,常项"X 了"进一步虚化,话语标记"X 了"是跨层的完成阶段。

前文所举例(3)、例(5)和例(8)都是动补结构"VX 了"的省略结果。例(3)中的"够了"是"杀够了"的省略形式,例(5)中的"糟了"是"弄糟了"的省略形式,例(8)中的"坏了"是"使坏了"的省略

---

① 董秀芳.跨层结构的形成与语言系统的调整[J].河北师范大学学报(社会科学版),1997(3):83—86.

形式。当动词"杀""弄"和"使"被省略后,"X(够、糟、坏)"和"了"之间的界限不复存在,连用为"X 了"形式。

6.3 "X 了"双音构式的语法化路径与"X 了"双音话语标记来源

6.3.1 "X 了"双音构式的语法化路径

在前面的章节中,笔者已经分析过"够了""糟了"和"坏了"具体的语义演变和语法化过程,以及"X 了"双音构式的语法化动因和机制。现在,笔者将 3 个个案的语法化过程及其语法化机制结合在一起,通过简图分别来展示它们具体的语法化轨迹,以便大家从中一目了然地看出这些"X 了"构式之间语法化路径的异同。

首先,"够了"的语法化具体路径展示如下:

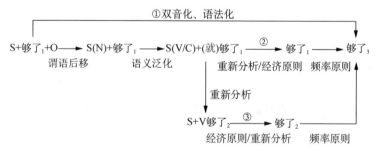

图 6.1 "够了"的具体语法化路径

图中,"S"表示主语,"O"表示宾语,"N"表示作主语的名词成分,"V"表示作主语的动词成分,"C"表示作主语的小句,如表示条件的小句。①②和③表示"够了"语法化的 3 种可能途径。其中,第一种方式,即"动词'够'+体标记'了'",是"够了"语法化的直接源头。

其次,"糟了"的语法化具体路径展示如下：

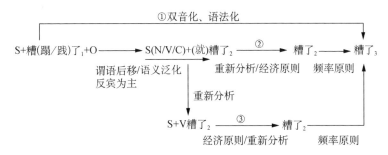

图6.2 "糟了"的具体语法化路径

图中,"S"表示主语,"O"表示宾语,"N"表示作主语的名词成分,"V"表示作主语的动词成分,"C"表示作主语的小句,如表示条件的小句。①②和③表示"糟了"语法化的3种可能途径。我们从图中可以看到"糟了"发生语法化的直接源头是"动词'糟'+体标记'了'"。

第三,"坏了"的语法化具体路径展示如下：

图6.3 "坏了"的具体语法化路径

图中,"S"表示主语,"O"表示宾语,"N"表示作主语的名词成分,"V"表示作主语的动词成分,"C"表示作主语的小句,如表示条件的小句。①②和③表示"坏了"语法化的3种可能途径。其中,第一种方式,即"动词'坏'+体标记'了'",是"坏了"语法化的直接源头。图中的虚线箭头表示"坏了$_2$"不是"坏了$_3$"的来源,但对"坏了$_3$"的语用功能产生影响。

通过对"够了""糟了"和"坏了"的具体语法化路径的对比,我们可以得出两个结论。

第一,"够了""糟了"和"坏了"的具体演变路径不尽相同,致使这三者的语法化程度也不相同,具体表现为:

"够了">"坏了">"糟了"

"够了"的语义经历了从肯定义到否定义的演变,话语标记"够了"的概念意义消失殆尽。话语标记"坏了"的概念意义有一定的沉积,具有反预期功能,但"坏了"的幽默、调侃功能表明其概念意义有进一步虚化的趋势。话语标记"糟了"的概念意义比较显著,而且存在"糟糕了、糟糕、太糟了"等语用变体,语形不稳定,所以"糟了"的语法化程度最低。

第二,这3个个案的具体演变路径不完全相同,但总体演变路径和演变方向趋于一致。我们可以概括出"X了"双音构式的语法化路径:

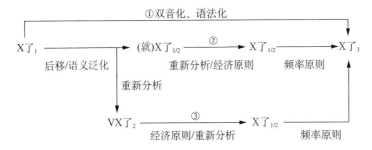

图 6.4 "X 了"双音构式语法化路径

图中,①②和③表示"X 了"双音构式语法化的 3 种可能途径。其中,第一种方式,即"动词'X'+体标记'了'"是"X 了"语法化的直接源头。"(就)X 了"句式和动补结构"VX 了"为话语标记"X 了$_3$"的形成提供了句法环境和语义基础。

6.3.2 "够了""糟了"和"坏了"未词汇化的解释

从"够了""糟了"和"坏了"的演变路径中,我们可以看到这些"X 了"构式并没有词汇化。

以往研究表明,"罢了"(刘晓晴和邵敬敏,2012;刘志远和刘顺,2012),"算了"(刘红妮,2007,2009),"完了"(彭伶楠,2006),"行了"(彭伶楠,2005;张璐璐,2013),"好了"(张龙,2012),"得了"(管志斌,2012)用作语气词与"就 X 了"的句法环境有关,是副词"就"省略后的虚化结果。相比之下,"够了""糟了"和"坏了"也有相同的"就 X 了"句法环境,但却没有词汇化为语气词,这说明一些"X 了"构式没有经历词汇化的原因并不在于其句法结构。

在本书第二章中,我们分析了"罢了、得了、好了、算了、行了、是了、完了"作为语气词的表达功能。这些语气词基本上都可以表达建议,或表达不在乎、无所谓或者把事情往小了说的一种随意的语气。这些语气词表达的随意语气与"就 X 了"所表达的语气相似。从演变过程来看,这些语气词的语气功能源自"就 X 了"所表达的意义。例如:

(16)我吃啥饭哪?我还不是那一大碗白饭!等回来你大伙儿吃的时儿,给我盛过碗去<u>就得了</u>。(清代《儿女英雄传》)

(17)何大姐说,如果还没给,干脆我亲自给他<u>得了</u>。(刘醒龙《孔雀绿》)

在例(16)中,"就得了"用作谓语,其主语是由小句充当的,"就得了"表示"行了"之意,表明说话人的要求不高,只需一碗饭。在例(17)中,"得了"出现在句末,是语气词,和"干脆"连用,使得说话人的随意语气更加明显。

所以,笔者推断,"够了""糟了"和"坏了"没有词汇化的根源在于"就 X 了"结构式所表达的语义和语气。

(18)"罗厚,你说话得小心点儿。什么老河马呀,小丫头呀,你说溜了嘴<u>就糟了</u>。"(杨绛《洗澡》)

(19)"坏了!坏了!这是两个碉堡,咱们的人进西碉堡,东碉堡上伪军哨兵看见<u>就糟了</u>!"(马烽,西戎《吕梁英雄传》)

(20)不当班时,红拂就跑出去玩。这件事假如有人

打小报告<u>就坏了</u>。像这样的生活问题,就怕同宿舍的家伙和你不对付。(王小波《红拂夜奔》)

(21)康顺风一想:"这话本来是自己捏造出来的,要问的露出馅子来可<u>就坏了</u>。"(马烽,西戎《吕梁英雄传》)

在例(18)至例(21)中,"你说溜了嘴""东碉堡上伪军哨兵看见""有人打小报告"和"要问的露出馅子来"都是一些很糟糕,甚至很严重的情况。这种不好的结果不是说话人所预期的,所以说话人在表达"就糟了"和"就坏了"时,心情很沉重,语气自然也就不可能很随意。这种表达沉重心情和语气的功能阻断了"就糟了"和"就坏了"词汇化为"糟了"和"坏了"。

"够了"的语义分为肯定义和否定义。

(22)沈振新站起身来,把声调提高一点说:"你想死还不容易?只要一颗子弹<u>就够了</u>!可是,我们是不会那样做的!"(吴强《红日》)

(23)其实把一个共建点变成先进单位,不需要特别大的动作的,有这些也<u>就够了</u>。(赵琪《告别花都》)

例(22)和例(23)中的"就够了"表达肯定义,所传递的语气与"就行了、就好了"接近,表达一种建议。同时,两例中的"只要……"和"不需要……"表明说话人对满足"就够了"的条件要求并不高,凸显其说话时的无所谓、轻松或随意的语气。

(24)"不行!心里想着多好吃,一闻到味道<u>就够了</u>。

真对不起,妈,我想吃的那一阵子早过去了。"丽鹃面色惨白。(六六《双面胶》)

(25)"我根本不想管你,也不想回这个家,一看你拉着两尺长的脸我<u>就够了</u>!"(张欣《爱又如何》)

例(24)和例(25)中的"够了"表达否定义。"闻到味道"和"看你拉着两尺长的脸"是说话人不愿看到或者不愿体验到的情形,超出了说话人的生理或心理承受能力,说话人对此持有反感,甚至极其厌恶的态度。所以,在此种情形下,说话人说出的"就够了"不可能表达出随意的语气。

因此,具有肯定意义用法的"就够了"有词汇化为语气词"够了"的可能,但其词汇化过程却又受阻于"够了"的否定意义用法,所以"够了"尚未完全词汇化。正因为如此,李宗江和王慧兰(2011)把表示肯定意义的"就够了"视为语气词,认为其表示"对某种意见或建议的认可"。[①] 换言之,"就够了"具有词汇特征,但"够了"尚未词汇化。

从最终的源头来说,"就 X 了"所表达的意义和传递的语气与动词或形容词"X"的意义相关。彭伶楠(2006)认为成词结构"X 了"中的"X"具有两类意义:一类表示完结(一般加在动词后面作补语),如"好、完、得"等;一类表示可以,如"行、成"等。李宗江(2008)的研究结果表明,近代汉语完成类动词"休、罢、了、得、好、完、够、结、有、齐、成、妥"进入条件句式"SP(主谓结构),就 X 了"

[①] 李宗江,王慧兰.汉语新虚词[M].上海:上海教育出版社,2011:477.

后,这些完成意义的动词表达许可意义,有向语气词或者类似语气词虚化的倾向。

动词"够"本义是满足,可推导出可以之意,所以,具有肯定意义的"够了"拥有词汇化的潜力,但这种潜力受制于"够了"的否定意义,即不可以。动词"坏"和"糟"的本义不属于上述意义范围,所以"坏了"和"糟了"没有发生词汇化。

6.3.3 "X了"双音话语标记来源

关于话语标记的来源问题,学界有不同的观点。从共时角度看,刘丽艳(2005)把话语标记语分为"词汇形式话语标记"和"非词汇形式话语标记"。前者是从其他词类虚化而来,如"我说、这个"等;后者是一些形式固定的话语标记,不是从其他词类系统中虚化而来的,如"喂、哎"等。谢世坚(2008)认为,话语标记来源不仅包括动词、连词、感叹词、副词、指示代词等,还包括一些短语和小句。孙利萍和方清明(2011)将话语标记形式分为话语标记词、话语标记短语、话语标记小句和结构式。总之,这些分类是基于汉语话语标记形式而展开的,对于分析话语标记来源是有启发意义的。

从历时角度看,话语标记的来源主要有语法化、词汇化和语用化3种解释。持语法化说的学者主要依据话语标记的性质来判断。布林顿和特劳戈特(2005)认为话语标记是语法性成分。侯瑞芬(2009)认为,话语标记既没有形成一个独立的词类范畴,也不是一个主要的词汇范畴,而是一种功能类别,所以话语标记不是一个词汇化过程,而是语法化过程。周树江和王洪强(2012)认为,话语标记是语法化现象,其机制有隐喻、推理、泛化、和谐和吸收。

董秀芳(2007)认为词汇化和语法化都可以作用于话语标记的形成。其中,由词汇化形成话语标记的主要有两类:一类是由最初处于小句句尾的成分演变而来的,如"好了、行了、算了、完了"等包含动词和语气助词"了"的结构;另一类是由最初处于小句句首的成分演变而来的,如"谁知道、别说"。但是,李宗江(2010)认为,由短语或小句变为话语标记既不是典型的语法化过程,也不是典型的词汇化过程。殷树林(2012)从语用化视角来解释话语标记的来源问题,但只是举了"就是、完了、你看"等几个例子,并没有对话语标记形成的语用化机制进行总结。

李思旭(2012)对话语标记来源作了一个较为全面的总结,认为词汇化、语法化和语用因素在话语标记的形成过程中都可能产生作用,提出话语标记演化的两条路径:一是从短语先词汇化为词,然后再进一步地语法化为话语标记,如"完了";二是短语由于存在于特殊的语境之中,受到语用原因的驱动而临时作话语标记,如"谁知道"。

回到"X了"类话语标记来源问题,我们会发现学界也存在着词汇化和语法化两种解释,如"算了"。刘红妮(2007)认为,"算了"最初是非句法结构,由"算"和"了"构成,后来词汇化为动词,表示作罢之意,然后进一步语法化为语气词,产生情态功能,最后再语法化为话语标记。汤晓玲(2008)对"算了"的词汇化过程进行了考察,但没有指明话语标记"算了"的来源。李慧敏(2012)虽然没有明确话语标记"算了"的词汇化来源,但在论及话语标记"算了"的生成机制时,认为"句末'算+了'演变为话语标记'算了'"。当"算+了"位于句末时,加之副词"就、便"没有出现,"算+了"不再是动词和语气词的组合关系,而是固化为一种格式,来共同表达说话人的情感态度。这种固化格式"算了"就是刘红妮(2007)所说的语气词"算了"。

但是,李小军(2015)认为,刘红妮(2007)所指出的话语标记"算了"源于语气词"算了"这一观点值得商榷。刘顺和殷相印(2010),以及罗宇(2014)指出,话语标记"算了"和语气词"算了"有不同的来源方式。刘顺和殷相印(2010)认为"算了"有两种句法环境:一种是名词性成分充当主语的单句;另一种是谓词性成分充当主语的句式。前者中的"算了"发展为话语标记,后者中的"算了"演变为语气词。罗宇(2014)也持相同观点。

诚如张国宪和卢建(2011)所言:"'动词/形容词+了$_{助词}$'可以词汇化并进一步形成话语标记。"① 他们使用"可以"一词来修饰"词汇化",是留有余地的,没有将"X了"结构的词汇化现象绝对化,表明并不是所有的"X了"构式一定要经过词汇化过程,再语法化为话语标记。

就本书所讨论的"够了""糟了"和"坏了"而言,这3个个案并没有经历词汇化,它们的话语标记用法均是语法化的结果。即使在语法化过程中,"够了"和"坏了"也均可用作程度补语,具有副词性成分或唯补词的特点,但由于此时的"够了"和"坏了"需要依附于动词或者形容词而存在,不能独立使用,因此尚未词汇化或者完全词汇化。

所以,笔者赞成吴福祥(2005)的观点,"从话语标记的演变路

---

① 张国宪,卢建.助词"了"再语法化的路径和后果[J].语言科学,2011(4):337.

径来判断,认为话语标记来源于表达概念意义的词汇成分或词汇序列。其历史演变过程清晰地显示,话语标记的产生也经历了与词汇语法化相同的语义演变(泛化和主观化)、去范畴化、重新分析、语音弱化等过程,并且也呈现单向性和渐变性特征。因此,话语标记的产生是一种典型的语法化现象"。①

总之,以"够了""糟了"和"坏了"为代表的"X 了"双音构式话语标记是语法化作用的结果。

6.4 "X 了"双音构式的主观化②

"X 了"双音构式的语法化过程也是主观化过程。主观化是指语言为表现主观性而采用相应的结构形式或经历相应的演变过程。③ 语言的主观性则是指说话人在说出一段话的同时,表明了自己的立场、态度和情感,从而在话语中留下自我的印记。④

主观化表现在共时和历时两个层面。共时层面的主观性表现为人们在某个特定时期所使用的特定语言结构或语言形式,而历时层面的主观性表现为不同时期的语言结构或形式的历史演变方式。因此,语言学家可以从共时和历时两种不同的路径来解释主

---

① 吴福祥.汉语语法化研究的当前课题[J].语言科学,2005(2):26.
② 特劳戈特(1995)认为主观化是语法化的一种机制。但吴福祥认为,并不是所有的语法化现象都涉及主观化,因此主观化是语法化机制的说法过于绝对(参考吴福祥于2015 年 6 月 29 日在安徽大学文学院举办的语言演变与主观化学术报告会上的发言)。本研究认为,伴随着语法化过程,现代汉语"X 了"双音构式也经历了主观化过程,本书把主观化从语法化机制中单列出来,详细分析"X 了"构式的主观化过程。
③ 沈家煊.语言的主观性和主观化[J].外语教学与研究,2001(4):268.
④ Lyons,J. Semantics [M]. Cambridge: Cambridge University Press, 1977:739.

观化。两种研究方法各有特点,相互补充,全面揭示语言演变事实。

6.4.1 共时视角下的"X了"双音构式的主观化:以"够了"为例

兰盖克(1987,1990)是共时主观化研究的代表,他从认知出发来观察日常语言的使用,关注认知主体如何从一定的视角出发来"识解"一个客观场景,以及说话者采用什么样的语言结构形式来表现主观性。例如:

(26) Mary is going to close the door.(玛丽正走过去关门。)(引自沈家煊 2001:273)

(27) An earthquake is going to/gonna destroy the city.(有一场地震将摧毁这座城市。)(引自沈家煊 2001:273)

在例(26)中,"go"表示客观具体的空间移位,句子主语"Mary"在一条具体的路径上正在移动,移动的目的或者下一个动作是"close the door"。在例(27)中,主语"earthquake"不是在进行空间移位,其管控的动作是"destroy the city","going"充其量是抽象的时间移位,是说话人心理上的一个路径。所以兰盖克认为,"go"由空间义转变为时间义表示将来,经历的是一个主观化的过程,是说话人对情景的心理扫描(mental scanning)。①

---

① Langacker,R. W. Subjectification [J]. Cognitive Linguistics,1990(1):5-38.

在兰盖克(1990)的认知语法体系中,"主观化"被定义为:将实体与实体之间的关系从客观轴调整到主观轴。① 实体与实体之间的关系如果不引发言语场景(ground)或言语事件(speech event)中所包含的会话参与者和说话环境等因素,这种关系就处于客观轴上;反之,如果引发言语场景,这种关系就处在主观轴上。例(26)中的"Mary"和"door",以及例(27)中的"earthquake"和"city"是两对实体概念。在认知语法中,这两对实体概念中的前者被称之为"射体"(trajector),后者被称之为"陆标"(landmark)。显然,例(27)对射体"earthquake"和陆标"city"的关系描写涉及了言语场景,因此该例中的"going"被调整到了主观轴上,而例(26)中的"going"处于客观轴上。换言之,例(27)中的"going"具有主观性。

句法是语义内容的重组和象征化。② 换句话说,句法形式的变化是对语义变化的反映和凝固化。③ 笔者以"够了"为例,从各个阶段"够了"的句法结构形式来考察其意义的主观化,从而论证"够了"如何从客观识解转变为主观识解,如何从客观轴调整到主观轴。

6.4.1.1 谓语后移

最初的"够了"结构是由动词"够"与体标记"了"连用,具有及物性,可以后接宾语,意思是数量上达到了或满足了。但是,元代

---

① 沈家煊.语言的主观性和主观化[J].外语教学与研究,2001(4):274.
② Langacker, R. W. Foundations of Cognitive Grammar: Theoretical Prerequisites [M]. Stanford: Stanford University Press, 1987:12.
③ 文旭,黄蓓.极性程度副词"极"的主观化[J].外语研究,2008(5):10.

及元代以后的"够了"位置后移,表现出较强的不及物性。

在"SVO"结构中,动词短语"够了"处于谓语"V"的位置,表明主语"S"和宾语"O"的关系。如前所述,在认知语法体系中,"S"和"O"分别被称为"射体"和"陆标"。根据"够了"的语义搭配要求,其后的宾语或者陆标表示"够了"所达到的标准。具体而言,在例(28)中,"一包袱金珠财宝"作为"够了"的语法主体和射体,具有客观性,对于"够了"有直接的支配和制约关系。同时,"够了"中的"了"是完成体标记,表明动作已成客观事实。此外,陆标"我的"是一个"的"字短语,具有名词属性,是"够了"达到的客观标准。

(28) 我杀便杀了,我试看咱:一包袱金珠财宝!罢、罢、罢,也<u>够了</u>我的也。不杀王员外了,背着这包袱,跳过这墙去,还家中去也。(元代《钱大尹智勘绯衣梦》)

经过位置后移,"够了"中的"了"的语法功能主要表现为语气词"了$_2$",表达一种确定的、肯定的语气,具有一定的主观色彩。同时,"够了"在语法形式上缺少了表示一定标准的宾语或陆标。这个标准,如果不能显性出现在相应的语言形式中,就要隐含在言语表达中,成为说话人的一部分,处于在舞台下(offstage)的状态。这样,句子就由客观的描述转变为主观的识解。

(29) (净王秀才云)姑夫,要偌多做甚么?则一千贯也<u>够了</u>。(元代《施仁义刘弘嫁婢》)

(30) 孝基又道:"夜里到不消得,只日里不偷工就<u>够</u>

了……"(明代《醒世恒言》)

在例(29)中,"一千贯也够了"表明"一千贯"未成事实,"够了"的标准隐含在"要偌多做甚么"这个表达之中,暗含多于一千贯已超出标准之意。例(30)实质上是条件句"只要……就够了"的形式。射体"日里不偷工"不是具体的实体,只是一个充分的条件,不能对"够了"形成直接的制约关系。"够了"表示某个充分条件下的一种可能的推理结果,即原来客观的数量标准让步于心理上满足的主观标准,表达出说话人主观的情态意义,是一个主观化过程。

6.4.1.2 补语位置

"够了"位置后移,为其补语化作了句法上的准备。在认知隐喻的作用下,语法主语或射体突破具体实体界限后,由动词短语或者条件句充当主语,"够了"作谓语,构成"V+够了"主谓结构,如例(12)中的主谓结构"打两盏儿来够了"和例(30)中的主谓结构"只日里不偷工就够了"。

但在"S+V+够了"结构中,根据语法规则,"V"和"够了"竞争核心谓语,结果是"够了"降为"V"的补语,表示极限程度。

(31)郑十将沈将仕扯一把道:"赢够了,歇手罢!"
(明代《二刻拍案惊奇》)

在例(31)中,语法主语或射体是"沈将仕",支配的动作是"赢","够了"则是充当补语成分,说明"赢"的程度。表示程度的补语"够了"语义泛化,原先的动词性功能减弱。程度修饰语在特征上具有主观性,涉及说话者的参与。利用这一程度补语的用法,说话人选择了一种内在的视角,将自己的体验和主观感受表达出来。

6.4.1.3 句首位置

作为话语标记,"够了"经常出现在句首,且有标点符号隔开,但对其后语句的真值并不产生影响,也不影响其他语句的句法结构。"够了"通常是对前人所述的话语进行评价,表现出十分强烈的否定态度。

(32) 秋纹道:"够了。你这么大年纪,也没个见识,谁不知是老太太的水!要不着的人就敢要了?"婆子笑道:"我眼花了,没认出是姑娘来。"(清代《红楼梦》)

(33) 诗人内心的声音:"够了,白露,够了,不要再缠在一起了。"(曹禺《日出》)

(34) 玳珍摇手道:"够了,够了,少说两句罢……"(张爱玲《金锁记》)

从句中位置到被后置于句末,再到补语化,最后被用作话语标记,"够了"的主观化程度逐渐增强。处于句末位置时,"够了"中的"了"从体标记转变为语气词。同时,句末位置的"够了"表现出不及物性,原先存在的陆标现在隐含在说话人的话语中,使得表达的主观性显现;射体从具体实体范畴扩展到抽象概念,语义表达的主观性逐步增强。处于补语位置时,"够了"修饰前面的动词,表达极限程度义,带有规劝或制止的主观意义,其主观化程度更高。用作话语标记时,"够了"的位置凸显,表达强烈的否定态度,主观化程度达到了最高层次。

6.4.2 历时视角下的"X了"双音构式的主观化:以"糟了"为例

特劳戈特(1995)从历时的角度来考察主观化,认为主观化是一种从语义到语用的演变,具体表现在以下几个方面:由命题功能转变为言谈功能;由客观意义转变为主观意义;由非认识情态转变为认识情态;由非句子主语转变为句子主语;由句子主语变为言者主语;由自由形式变为黏着形式。①

"糟了"的历时主观化表现在功能、意义、主语和存在形式这4个方面在不同时期的变化。

6.4.2.1 从命题功能到言谈功能

"糟了"本义表示用酒糟腌制过了,具有明确的具体的概念意义,后引申为糟蹋之意。在话题化和反宾为主句的作用下,"糟了"的句法位置后移,语法属性发生转变,表示糟糕之意。

(35)"嘿——干什么?你觉得他们吃了老百姓,喝了老百姓,糟了老百姓,拍打拍打屁股一步就算完啦?没有那么便宜的事。"(冯志《敌后武工队》)

(36)我把他的圆口黑布鞋拿过来:"走路也要小心,这鞋底磨得不比纸厚,踩了钉子就糟了。"(权延赤《红墙内外》)

---

① Traugott, E. C. Subjectification in Grammaticalization [M]. MD. Stein & S. Wright, 1995: 48.

在例(35)中,"糟了"表达糟蹋之意,具有及物性,后接宾语"老百姓"。在例(36)中,"糟了"充当条件句式的谓语。不管"糟了"是处于前置还是后置位置,其在句法结构中都充当谓语,句子意义因此才完整。所以,"糟了"对所在句子的命题意义作出了重要的贡献。

当"糟了"出现在"V 糟了"结构式中时,其语法功能依附于前面的动词"V","糟了"表示该动作的结果意义,对命题有贡献,但同时也因为强调动词"V"所产生的不好结果,从而具有评价功能,体现说话人对动词"V"的评判视角。在例(37)中,"糟了"是动作"弄"对动作承受对象"工作"产生的一种结果,如果省略"糟了",显然该句意义不完整。此外,"糟了"还表明说话人失望的心情,所以说话人在说话的同时,还伴随着"摇摇头"的动作。

(37) 侯瑞眯着眼睛看着刘丽摇摇头:"依着你这个炮仗脾气早把工作都弄<u>糟了</u>。"(杨沫《青春之歌》)

在例(38)中,话语标记"糟了"表达了说话人的懊恼、恐惧之情,它的出现有助于听众对其前言后语的理解。

(38) 那客人一见马俊就大哭道:"<u>糟了</u>!<u>糟了</u>!俺的凤奴也吃那于贼驱走了。"(民国《明宫十六朝演义》)

"糟了"从一个表达具体或抽象概念的谓语,变为一个表示结果的补语,最终虚化为话语标记,其语义功能逐步减弱,言谈功能逐渐增强,完成了从语义向语用转变的过程。

6.4.2.2 从客观意义到主观意义

动词"糟"表示用酒或酒糟腌制食物,是一个具体的行为动作。动词"糟"和体标记"了"连用,可以表达一个客观意义,即用酒糟腌制了食物,并引申出糟蹋之意。在前文例(35)中,"糟了"的描述对象是"老百姓",表示老百姓的钱财被糟蹋了,是对客观事实的描写,表达客观意义。

当"糟了"后移至句末,其语法属性表现为形容词性短语,客观意义逐渐减弱,主观意义随之增强。当一个词发生词性转化时,其主观性也会随之发生变化。一般来说,实词的主观性程度小于虚词,具体表现为:名词＜动词＜形容词＜副词＜连词/介词/代词＜叹词(主观性等级从左往右依次增强),即便形容词内部也可以分出主观性等级:大小类(叙述类)＜好坏类(评价性)＜冷热类(感受性)。① "糟了"从动词性短语转向形容词性短语,既可以用来描述一种糟糕的变化和状态,也能传递说话人的意外和失望心情。

在条件句式"(如果)……就糟了"中,如例(36),"糟了"是某个充分条件得以满足后的一种推理结果,是一个心理过程,表达了主观意义。在"V糟了"结构中,"糟了"表达了动词"V"所产生的一种结果,这种结果在说话人的主观评价体系中是一种不好的结果。

用作话语标记时,"糟了"绝大多数情况下处于句首或者独立使用,其位置凸显,表达了说话人强烈的明确的主观态度和情感。此外,说话人还通过对话语标记"糟了"进行重复的方式,加强特定的语气。

---

① 王文格.试论性质形容词谓语句的主观性等级[J].玉林师范学院学报,2009(6):58.

（39）刚走到炮楼下边，就听那站岗的说："糟了，刚才队长点名，找不到你，连我也训了一顿。"（李晓明，韩安庆《平原枪声》）

（40）"糟了！糟了！"醒秋暗暗心里叫苦，"已经打破了两道难关，谁知最后还有一条跳不过的天堑，我真不该来考了。"（苏雪林《棘心》）

在例(39)中，"站岗的"通过使用话语标记"糟了"，一方面表达对队长点名的行为感到意外；另一方面表达自己受到牵连，也被训了一顿的懊恼之情。在例(40)中，醒秋本来连续打破两道难关，感到高兴，可是最后未曾料到还有难题出现。重复的"糟了"形式表明醒秋感到非常沮丧，以至于后悔当初来考试了。

随着句法位置的改变，"糟了"从动词性短语到形容词性短语，从谓语到补语再到话语标记成分，出现词性降类和语法功能虚化的现象，最初的客观义消失殆尽，随之，它的主观意义越发明显。

6.4.2.3 从句子主语到言者主语

句子主语是句子行为动作的发出者或执行者，而言者主语指的是对句子的命题意义表达主观认识或态度的表达者。① 说话人在表达主观态度时，如果"我"或者"我们"这样的自我表达成分并没有出现在句子的主语位置，那么说话人或者句子的表达者就表现为言者主语。

在例(35)中，"糟了老百姓(钱财)"是对客观情况的描述，不会

---

① 詹全旺.英语增强词terribly的主观化[J].外国语，2009(5)：43.

因为个人主观因素的介入而影响这个事实的改变。该句表达了客观命题意义,没有言者主语。

当用作形容词性谓语,或者用作补语时,"糟了"的主观性增强,其所在的句子不仅有句子主语,而且还有言者主语的存在,即句子主语与言者主语同时存在。在例(36)和例(37)中,句子主语分别是条件句"(如果)踩了钉子"和"你"。我们可以加入"我认为、我想"等直接表明说话人身份的成分进行改写,句子依然通顺。例如:

(36a)(我认为)踩了钉子就糟了。

(37a)(我想)依着你这个炮仗脾气早把工作都弄糟了。

"糟了"用作话语标记时,不存在句子主语或者语法主语,它直接表达了说话人的情感和态度,其言者主语的存在不言自明。

6.4.2.4 从自由形式到黏着形式

在主观化演变的连续系统中,用作谓语的"糟了"的句法位置是自由的,既可以前置,后接宾语,如例(35),也可以后置,处于句末,如例(36)。但用作补语时,"糟了"需要依附于动词"V"之后,形成"V糟了"构式。一方面,与"糟了"搭配的动词"V"的语义往往受到限制,多表示中性色彩或者消极意义,"糟了"搭配选择的自由程度降低;另一方面,"糟了"处于构式中的补语位置,句法自由度丧失。用作话语标记时,"糟了"大多处于句首,以标点符号隔开,原来的概念意义磨损,尽管有时可以独立使用,但多数情况下需要依附于后续的句子而存在,表达说话人特定的态度和情感。

6.5　小结

　　本章节对"X了"双音构式的语法化规律进行了概括。第一,"X了"双音构式的语法化动因包括句法位置、经济原则、频率原则、双音化作用,以及外国文学作品翻译引起的语言间接接触影响。第二,"X了"双音构式的语法化机制包括认知隐喻和重新分析。认知隐喻作用于"X了"的语义泛化和句法功能的类推与扩展,重新分析对于"X了"跨层结构的形成有强大的解释力。第三,从"X了"双音构式的语法化路径来看,"动词'X'+体标记'了'"是语法化的直接源头,"就X了"和"VX了"为"X了"的语法化提供了句法环境。"X了"双音构式的话语标记功能是语法化结果,不是词汇化结果。第四,"够了""糟了"和"坏了"没有发生词汇化,原因不在于其句法环境,而在于"就X了"所表达的意义和语气。第五,在语法化过程中,"X了"双音构式也经历了主观化过程。结合共时和历时角度,可以全面揭示"X了"双音构式的主观化过程。

第七章 "X 了"双音话语标记的人际功能与语篇功能

7.1 话语标记功能

对话语标记功能的分析主要分为连贯视角分析和关联视角分析。连贯派的代表人物是希夫林(1987)。连贯派主张将话语标记置于语篇框架内进行分析,认为话语标记能够展现出各个层面的话语单元之间的联系,能够为话语理解提供指引,从而使得话语或语篇更加连贯。以布莱克莫尔(1987,1992)为代表的关联派将话语标记置于认知框架内,认为话语标记连接的不是话语单元,而是语境假设,话语标记对话语理解进行语用制约,明示语境假设,减少听话人理解话语时可能付出的努力。[①] 连贯派和关联派都是从共时层面对话语标记进行分析。连贯派基于话语产出的模式,即从话语分析的角度考察话语标记在话语或篇章组织中的衔接和连贯功能。关联派是基于话语解释模式,即从话语交际的角度考察话语标记在话语理解中的提示、引导或制约作用。[②]

学界一般借用韩礼德(M. A. K. Halliday(1985))关于语言三大元功能的分类,认为话语标记具有语篇功能和人际功能。由于话

[①] 冯光武. 汉语语用标记语的语义、语用分析[J].现代外语,2004(1):25.
[②] 吴福祥.汉语语法化研究的当前课题[J].语言科学,2005(2):25—26.

语标记的命题意义多数存在脱落现象或弱化现象,因此话语标记通常被认为没有概念意义,但对话语理解起到程序性意义。例如,奥斯塔曼(1981)认为,话语标记的语篇功能是标记事件和话轮。布林顿(1996)主张从更大的语言结构去分析话语标记的语篇功能,就人际功能而言,话语标记表达主观意义和人际意义。卡琳·艾默(Karin Aijmer)(2002)认为,在转换话题或中断话题时,话语标记的使用目的是引起听话人的注意。伦克(1998)把话语标记与前后语篇的关系分为两种:前话语标记和后话语标记。前话语标记表示该话语与前面语篇之间所存在的某种关系,如"as I said before、however、anyway、still"等;后话语标记语表示后续关系,如"by the way、furthermore"。

  此外,有些学者还对话语标记的具体功能进行了考察。奥斯塔曼(1981)研究了语用小品词(pragmatic particles),认为其主要有3种作用:作话语标记,作相互应对性标记,以及作态度标记。弗雷泽(1999)指出话语标记具有4种功能:作对比性标记语,如"but、though、however"等;作阐发性标记语,如"and、furthermore"等;作推导性标记语,如"so、then、therefore"等;作主题变化标记语,如"by the way、incidentally"等。冉永平(2000)根据话语标记语的语用功能,把汉语话语标记语分为8类:话题标记语,如"话又说回来"等;换言标记语,如"换句话说"等;言说方式标记语,如"恕我直言"等;话语来源标记语,如"众所周知"等;推理标记语,如"概括起来说"等;评价性标记语,如"依我之见"等;对比标记语,如"不过"等;言语行为标记语,如"我告诉你"等。孙利萍和方清明(2011)更是将汉语话语标记的功能分为来源、言说、序数、总结、评价、阐发、断言、举例等17种。

本书从人际功能和语篇功能对"X了"双音构式话语标记功能进行概括。

7.2 "X了"双音话语标记的人际功能

语言是人类交流的重要工具。语言的人际功能在于不仅可以表达说话者的亲身经历和内心感悟,还可以反应人与人之间的关系,表达说话者的身份、地位、态度、动机和他/她对事物的推断等。① 一般来说,在交际过程中,交际者会尽量遵循合作原则、礼貌原则等理想状态下的交际准则,从而促进交际的顺利进行,建立和谐的人际关系。但在现实交际过程中,因为各种不和谐的、不礼貌的,或者不确定的、意外的状况时有发生,交际冲突不可避免。

从表现手段来看,韩礼德(1994)认为,语言的人际功能可以从语气系统和情态系统展开;朱永生和严世清(2001)认为,还可以借助称呼语、人称代词及可以表达讲话者态度的动词、名词、形容词和副词等具体词汇来体现人际功能。

笔者认为,在交际过程中,话语标记"够了"具有不礼貌功能,而"糟了"和"坏了"具有反预期功能。

7.2.1 "X了"话语标记的不礼貌功能

7.2.1.1 不礼貌理论

杰弗里·N. 利奇(Geoffrey N. Leech)(1983)提出礼貌原则,解

---

① 胡壮麟,朱永生,张德禄.系统功能语法概论[M].长沙:湖南教育出版社,1992:115.

释人们在交际过程中为什么需要合作,从而在一定程度上弥补了格莱斯(1975)的合作原则。礼貌理论从一开始就忽略了不礼貌现象,仅将其视为语用失误,或者是不正常行为——"在正常情况下,冲突话语在人类交际行为中是极其微不足道的"。①

自 1996 年以来,乔纳森·库尔佩珀(Jonathan Culpeper)(1996,2003,2011)率先尝试对不礼貌的本质进行剖析,不礼貌研究逐渐引起了人们的关注。库尔佩珀(1996)认为,不礼貌是有意取得相反效果,即有意引起社会混乱的策略的使用,是有意攻击面子的交际策略,从而引起社会冲突和不和谐,是对特定语境中所发生的特定行为所持的否定态度。德里克·布斯菲尔德(Derek Bousfield)(2008)则对不礼貌进行了具体分类,将其划分为批评、妨碍或阻碍、强使角色转换、挑战、大声喊叫、使用禁忌语言等情绪语言和策略不礼貌等。

礼貌和合作是人类交际的价值取向,是无标记的。反之,不礼貌是有标记的行为和言语现象。不礼貌言语的有标记性主要是通过具有负面情感态度的语言和否定评价来表示的。这些表示负面情感态度的语言,通常具有与人们的积极期待相悖的负面期待的构式义。② 因此,库尔佩珀(2011)认为,具有强烈负面情感的词汇、表达式、禁忌语及其他负面情感强烈的修饰语都可以表达和加强不礼

---

① Leech, G. N. Principles of Pragmatics [M]. London: Longman Publishing Group, 1983:105.
② 严敏芬.汉语中不礼貌构式的社会与认知研究——以《红楼梦》为例[D].上海外国语大学博士论文,2012:53.

貌程式的冒犯程度。①

7.2.1.2 "够了"的不礼貌功能②

"够了"的不礼貌标记功能源于其主观义和语境信息。从语义演变来看,"够了"经历了表达满足(包括表达具体满足和抽象满足)、极限程度和否定态度3个阶段。"够了"本义表示数量上满足了或者达到了需求。根据马斯洛(1987)的需求理论,人类的需求具有层次性,当一个低层次需要得到满足后,便出现高层次需要,而前一个层次的需要就不再成为激励因素,并反而可能会被厌恶。所以,"够了"的语义很自然地从表达满足引申到表达极限和否定。在此过程中,其客观义逐渐消磨,主观义逐渐增强。因此,当"够了"用作话语标记时,其主要的语用功能是否定表达,表现出不礼貌性,是不礼貌标记。

但需要注意的是,在诸如例(1)的例子中,因为交际双方的情感共鸣,"够了"起到规劝或者建议的语用功能,"够了"的不礼貌性并不明显,不过这种情况在北京大学中国语言学研究中心语料库的语料中比较少见。

(1) 灵珊抚摸着他的胳膊,祈求的低语:"够了!别再说了!"(琼瑶《月朦胧鸟朦胧》)

话语标记具有一定的情感功能或表达功能,与说话时的情景密

---

① Culpeper, J. Impoliteness: Using Language to Cause Offence [M]. Cambridge: Cambridge University Press, 2011:154.
② 本节部分内容在《安徽大学学报(哲学社会科学版)》2015年第5期发表,论文题目为《话语标记"够了"的语境特征及语用功能》。

切相关。在交际过程中,话语标记"够了"总是出现在一定的前言后语之中,并且辅以特定的非言语符号,其不礼貌标记更加显著。在具体语境中,"够了"主要呈现出批评指责、警告劝诫、讽刺挖苦等语用微功能。

(2) 紫芝道:"姊姊刚才湖六头,打长三;湖四头,又打长二;少刻湖二头,再把地牌打了,岂不凑成一副'顺水鱼'么?"

锦枫道:"我的紫姑太太!<u>够了</u>!<u>够了</u>!你老人家不要刻薄了!请罢!请罢!"

紫芝道:"我要抽几个头儿才肯走哩。"(清代《镜花缘》)

在例(2)中,"够了"与后续话语"不要刻薄了"相结合,带有批评指责的语用功能。但是其他语境信息,如称呼语"我的紫姑太太、你老人家"和后文的"请罢!请罢!"减弱了这种批评指责的力度,从而降低了"够了"的不礼貌程度,临时增强了"够了"的交互主观性。

在交际过程中,交际者的身份及身份构建对于交际策略的选择有着重要的影响。例(1)中的交际双方是恋人关系,例(2)中的交际双方是姐妹关系,这些关系基本上是一种平等的身份关系。但当交际主体之间存在权力不对等的情况时,更容易发生不礼貌的现象,这主要是由权力较高的一方引发。①

---

① Methias, N.W. Impoliteness or Underpoliteness: An Analysis of a Christmas Dinner Scene from Dickens's *Great Expectations* [J]. Journal of King Saud University-Languages and Translation,2011(23):12.

(3) 赵胜天:"嚯,洪丽丽小姐搬钢筋水泥油漆马赛克?"

(洪丽丽纹得细若游丝的弯眉蹙了蹙。)

洪丽丽:"够了,赵胜天。我把丑话说在前头。今儿就到此为止,明天开始你要懂点规矩,不要过问老板的私事和生意,你只是一个保镖。"(池莉《太阳出世》)

在上例中,赵胜天的话语激怒了"老板"洪丽丽,洪丽丽非常强势地用"够了"打断对方话语。其后续话语"我把丑话说在前头"和"明天开始你要懂点规矩,不要过问老板的私事和生意"又使得"够了"临时具有警告和劝诫的语用功能。此时,话语标记"够了"的不礼貌标记用法明显,不礼貌程度极高。

(4)(编辑部里,大家七嘴八舌,吵起架来)

陈主任:"够了!你们像什么样子?你瞧瞧你们一个个的,哪有点社会主义编辑的风度?纯粹是泼妇骂街嘛!好啦好啦,我看也不要再说下去了,再说就伤和气了。也不必再挖什么人的弱点了,我看这就是人的最大弱点,只能说好的,一说坏的当场恨不得吃了对方。"(王朔《编辑部的故事》)

在例(4)中,大家相互言语攻击,陈主任终于忍无可忍,用"够了"来表明他内心极度不满。后续话语中的两个反问句和一个感叹句进一步加强了"够了"的批评和讽刺功能。此刻,"够了"的不礼貌程度极高,威胁了对方的面子;交互主观性极低,但是符合陈主任的领导身份和社会地位。紧接着,陈主任又使用了另一个话语标记"好啦好啦"。"好啦"具有较高的交互主观性,便于缓和紧张的气氛,构建和谐的同事关系。先使用不礼貌策略,后又拉近交际双方的距离和关系,说明陈主任交际策略高超,处理人际关系的经验老到。

7.2.1.3 "够了"的非言语伴随符号①

人类进行交际活动最重要的交际工具当然是语言,但是交际工具不只是语言。事实上,社会交际常常混合运用语言与非言语这两种工具。② 马克·L. 纳普(Mark L. Knapp)(1978)把非言语交际分为身势动作和体语行为(body motion and kinesic behavior)、身体特征(physical characteristics)、体触行为(touching behavior)、副语言(paralanguage)、近体距离(proxemics)、化妆用品(artifacts)和环境因素(environmental factors)这7类。非言语符号通过视觉和听觉系统对听话人产生强烈刺激,传递出重要交际信息,因此在话语理解中起到很重要的辅助作用。

说话人在表达"够了"的同时,通常伴随着明显的非言语符号,这些符号在极少数情况下会减弱"够了"的不礼貌功能。在例(1)中,"祈求的低语"显示"够了"语调较低,表明说话人与听话人双方内心同样的痛苦,从而降低了"够了"的不礼貌程度。在大多数情况下,非言语符号起到了增强或者凸显"够了"的不礼貌功能的作用。

---

① 本节部分内容在《安徽大学学报(哲学社会科学版)》2015年第5期发表,论文题目为《话语标记"够了"的语境特征及语用功能》。
② 陈原.社会语言学[M].上海:学林出版社,1983:177.

(5)"够了,别唱了！别唱了！"女人终于忍无可忍,喊道。(尤凤伟《石门夜话》)

(6)谢丽娟的声音突然变得尖厉起来,她冲动地说:"杀了人还要验明正身么？还要检验一下刀口的图案美不美么？够了！"(李佩甫《羊的门》)

(7)刘东旭果断地说:"够了！你守在这里还有什么意义？你快带车去备用油库,把油车全部装满,运到沅水大桥待命。"(柳建伟《突出重围》)

(8)"够了！有屁都到外边放去！"烦透了,我简直有点恼羞成怒。(姜天民《第九个售货亭》)

在例(5)中,"喊道"是说话人表达"够了"的方式。"喊"一般语调较高,说明说话人内心异常反感,其不耐烦情绪达到极限。在例(6)中,说话人的声音突然变得尖厉起来,并且她以冲动的方式去说,可见其内心极其愤怒。例(7)中的"果断地说"表明说话人在说出"够了"时神情严肃,语气坚定,甚至带有命令色彩,符合说话人"师政委"的身份。例(8)中的"烦透了,我简直有点恼羞成怒"是心理活动,表明说话者怒形于色,其愤怒的心情通过表情流露出来,为"够了"作进一步的理解提供了副语言环境。再如:

(9)"够了。"江淮做了个阻止的手势。他的脸色松弛了,似乎从个什么大恐惧中解脱出来,他的精神振作了一下,眼光又奕奕有神了。"不用再描写下去……"(琼瑶《雁儿在林梢》)

例(9)中出现了一系列的非言语符号,如阻止的手势、脸色松弛、精神振作、眼光奕奕有神等,既有动作,也有神情。这些细致的描写折射出江淮复杂的内心世界。只有洞察和分析这些非言语符号,才能更为准确地理解和把握话语标记"够了"的语用功能。

7.2.2 "X了"话语标记的反预期功能

7.2.2.1 反预期标记

预期(expectation)和反预期(counter-expectation)是话语—语用层面的概念,不属于句法—语义层面,集中反映了言语行为中的人际关系,与语言的主观性密切相关。[①]

预期与反预期之间形成冲突,反预期标记能够显著表明这种对立和转折关系,表明一个陈述在某种方式上与说话人认为在特定语境中是一种常规的情形相背离。[②] 也就是说,前后语篇表达的是相关语境中两种情形的对比:"一种情形是符合说话人所熟悉、持有的或者他认为听话人持有的常规、标准,另一种情形则偏离这样的常规和标准。"[③]

7.2.2.2 "糟了"与"坏了"的反预期功能[④]

从普世价值观来看,人类一般对美好的事物充满向往和预期。

[①] 吴福祥.试说"X不比Y·Z"的语用功能[J].中国语文,2004(3):222—230.
[②] Heine, B., Claudi, U. and Hunnemeyer, F. Grammaticalization: A Conceptual Framework [M]. Chicago: The University of Chicago Press, 1991:192.
[③] 吴福祥.试说"X不比Y·Z"的语用功能[J].中国语文,2004(3):224.
[④] 本节部分内容在《江淮论坛》2017年第3期发表,论文题目为《反预期话语标记功能研究》。

当事物朝反预期的方向发展时,就是一种"坏了"或者"糟了"的情况。因此,当表示对"不好"的情况持有感到意外或突然醒悟的态度时,话语标记"坏了"和"糟了"具有相似的反预期功能。

(10) 他们立刻让司机把他们载到美国领事馆。<u>糟了</u>,两人大眼瞪小眼;这是星期日啊!美国人在某个高尔夫俱乐部打球,或者被沙逊请到他在虹桥的别墅骑马去了。(严歌苓《寄居者》)

在例(10)中,"他们"赶到美国领事馆,结果却因为是星期日,美国人不上班。"糟了"是一个反预期标记,表明两个人没有想到这种结果。"两人大眼瞪小眼"的表情使得这种失望、意外、不知所措之情愈发明显。

(11) 白菊花冲着大众哈哈一笑,说:"晏大太爷走了,要是有能耐的,在水中拿我。"咪的一声,跳入水中去了。徐良说:"<u>坏了坏了</u>。"大众一怔。艾虎说:"不用忙,待我下水拿他。"(清代《小五义》)

(12) 通讯员上气不接下气地说:"<u>坏了</u>,周营长!我们王连长带的部队,跟敌人增援部队粘到一块啦,现在撤不下来。"(杜鹏程《保卫延安》)

在例(11)中,白菊花跳入水中是突发状况,令众人始料不及,所以,话语标记"坏了"表明徐良感到特别意外,以至于不知所措。在例(12)中,王连长的部队碰到敌人的增援部队也是突发状况,引发了糟糕的结果——撤不下来。话语标记"坏了"表明我方对战斗准备不足,出现意外情况。

(13) 秋谷便取一张东洋纸信笺铺在桌上,提起笔来不知要写什么。忽然一想道:"坏了,坏了。"急问春树:"程小姐可能识字?"春树道:"眼前的几个字儿尚还认得,就是粗浅些的小说或是信札,也都懂得意思。"(清代《九尾鱼》)

(14) 罗圈腿好像顿时惊醒,把大腿一拍脚一顿,尖声道:"坏了!坏了!我们慌不择路,一直跑回来的。"(曲波《林海雪原》)

在例(13)中,秋谷正打算写信给程小姐,但突然想到对方可能不识字,所以,话语标记"坏了"表达了醒悟之意。在例(14)中,罗圈腿通过拍大腿和顿脚的行为动作,表明自己顿时惊醒,恍然大悟,"坏了"表达醒悟之意。

在特定的语境中,话语标记"糟了"和"坏了"还可以直接实施具体的言语行为或对言语行为起到强化或弱化作用。例(11)和例(12)中的"坏了"除了表达说话人的意外之情外,还表达了说话人自己对这种意外情况束手无策的懊恼心情,间接地实施了抱怨言语行为,以期吸引对方的注意力,并希望对方能够提供帮助。例(13)和例(14)中的"坏了"一方面表明说话人突然意识到某个问题,并对这个问题幡然醒悟;另一方面表明自己对这个问题考虑不周,有自我批评和自责的意味。

下面以话语标记"糟了"为例,来说明这种反预期标记在具体语境中又能表现出更为细致的语用功能。在很多例子中,话语标记"糟了"和"坏了"可以互换。

(一) 表批评

话语标记"糟了"表明说话人对当前某些状况的发展或者变化感到意外。从感情色彩来看,"糟了"带有贬义,进而可以推导出说话人的失望心情,对所发生的事情持否定态度,有批评和责备的意图。

(15) 贾大少爷顿脚说道:"糟了,糟了!里头顶恨这个,他老人家怎么糊涂到这步地位!他保举维新党,人家就要疑心他,连他亦是个维新党。"(清代《官场现形记》)

在上例中,"他"(周中堂)保举维新党,有丢官杀头的风险。贾大少爷对此的反应是一边顿脚,一边言语"糟了",表明自己对周中堂的行为感到十分意外,并提出指责和批评,同时还表明自己对刚刚去看望周中堂的行为感到自责、后悔和不安,生怕自己受牵连。

(16) 康孝纯自己吃了口菜,连连拍着自己脑门儿说:"糟了,我把糖精当味精放在菜里了。"(邓友梅《双猫图》)

例(16)中的"把糖精当味精放在菜里了"的后果并不严重,但"糟了"表明说话人对自己的这种常识性错误感到意外,略带失望和自责。

(二) 表制止

"糟了"所描述的事件或行为都是超出说话人预期的,有很多是说话人不希望发生的。在说话人看来,这种突发性状况是具有消极意义的。所以,话语标记"糟了"表明了说话人的否定态度,即不希望事情继续如此发展下去,所以具有制止功能。例(17)中的"糟了"具有典型的制止功能,其后接建议性话语"不要动手",使得其制止功能更加明显。

(17)那位祁侍郎本来是躲在里面听他们讲话的,如今见闹得不成体统,连连顿足道:"<u>糟了</u>,<u>糟了</u>!"急急的走出来对着祁观察把手乱摇道:"不要动手,有话好好的讲。"(清代《九尾龟》)

(18)关外数十里地方,雾腾腾地,也辨不出哪一军是闯军,哪一军是清军。多尔衮跺脚道:"<u>糟了</u>!<u>糟了</u>!照这个样子,咱们不是自己杀自己了么?"(民国《清史演义》)

在例(18)中,多尔衮意识到恶劣天气对己方作战的不利影响,话语标记"糟了"表达多尔衮意外且十分焦急的心情。同时,从"糟了"的表述也可以看出多尔衮有适时作出战术调整,甚至停止战斗的打算。

(三) 表求情

说话人突然意识到自己的行为给对方或他人造成了不便或损失,此时,其使用话语标记"糟了",一方面表达意外,暗示自己不是有意为之,另一方面也是为自己求情,委婉请求对方原谅自己。

(19)她很难为情地对我说:"老师,<u>糟了</u>,我只顾预

习今天要学的文章,忘了给老头子做饭了。"(1993年3月份《人民日报》)

(四) 表提醒

话语标记"糟了"表明有意外的事情发生,而这种超预期发生的事情多是新情况、新信息,很容易激起别人的注意和好奇。吸引别人的关注能够起到提醒的作用,说话人此时还可以提供相应的建议。

(20) 夏香:糟了,夫人会不会有危险? 秋香姐,我们过去看看!(电影《唐伯虎点秋香》)

话语标记"糟了"的提醒功能还表现为对自我的提醒,表示说话人自己突然醒悟。在例(21)中,说话人曾经被对方抓住过,这次本有充分准备和心理防范,以为不会被对方抓住。"糟了"表明说话人突然意识到自己又一次处于不利的境况。

(21) "糟了!又落到这些龟孙的手里了!"(刘知侠《铁道游击队》)

(五) 刻意转移话题

在具体的语境中,意外事件的发生和话语标记"糟了"之间具有因果关系,即刺激—反应关系。但在一些特殊的交际场景下,说话人在缺乏诱因或者刺激源的情况下,故意使用话语标记"糟了"吸引对方的注意力,从而刻意转换话题或引起对方关注其他事情,如例(22)。

(22)为不让娟子为难,她假装突然想起一件什么重要的事来,说一声:"糟了!"匆匆向外走。(王海鸰《中国式离婚》)

7.2.2.3 "坏了"的幽默功能

在本书第五章中,笔者曾分析过"坏了"的语义演变过程和语法化路径。我们对"坏了"的演变过程再稍作回顾:"坏了"的本义是倒塌、崩溃,可以引申出各种具有贬义色彩的意义,如"破败,衰败;战败,崩溃;变质;革职,免官;杀害;破费,花费;不好,恶"。① 当"坏了"用作程度补语时,其褒贬色彩淡化,一般只用来表示其前面的动词"V"和形容词"A"的极限程度。话语标记"坏了"的概念意义有一定的沉积,并未完全消失,所以,主要用来表达说话人对某种不好和糟糕情况的意外之情或者突然醒悟的反预期功能。此外,受到程度补语"坏了"感情色彩退化的影响,话语标记"坏了"还可以出现在并非糟糕,甚至积极的情形之中,表达一种幽默的效果。

现代汉语中的"幽默"源自英文单词"humor"。《辞海》(1999)认为幽默是一种艺术手法:"通常是运用滑稽、双关、反语、谐音、夸张等表现手段,把缺点和优点、缺陷和完善、荒唐和合理、愚笨和机敏等两相对立的属性不动声色地集为一体。在这种对立的统一中,见出深刻的意义或自嘲的智慧风貌。"② 对幽默解释最具影响力的一种理论是乖讹论(incongruity theory)。乖讹一般被

---

① 《古代汉语词典》编写组.古代汉语词典[M].北京:商务印书馆,2003:625.
② 夏征农等.辞海[M].上海:上海辞书出版社,1999:2581.

解释为:"两个或更多不一致、不适合、不协调的部分或情况,在一个复杂的对象或集合中统一起来,或以一种头脑能注意到的方式获得某种相互关系,笑便源出于此。"①

当话语标记"坏了"出现在情形并非糟糕的语境中时,其字面意义与语境信息呈现乖讹或不协调关系。此时,将"坏了"理解为一种正话反说的反语形式,具有幽默表达功能,这种乖讹才可得以消解。

(23) 他(大贵)说:"春兰! 人家算是没有挑剔,咱就是不干这'倒装门'。听说得先给人家铺下文书,写上'小子无能,随妻改姓……'不干,她算是个天仙女儿,她有千顷园子万顷地,咱也不去。"

二贵笑了说:"坏了,这可堵住我的嘴了,我要再说春兰好,算是我多嫌哥哥。"

朱老忠说:"咱这是一家子插着门说笑话,运涛还在狱里,咱能那么办?"(梁斌《红旗谱》)

在例(23)中,朱老忠一家正在商量大贵和春兰的婚事,但因为家里很穷,所以大贵需要倒装门,去春兰家做上门女婿,但大贵觉得倒装门是件丢人的事情,所以嘴上说不同意这件婚事。二贵知道哥哥大贵喜欢春兰。此处的"坏了"并非表示当时的情况有多么糟糕,相反,一家人在讨论婚事时,气氛非常轻松。所以,二贵边笑边说出"坏了",带有玩笑和调侃的语气,具有幽默效果。

① Raskin, V. Semantic Mechanism of Humor [M]. Dordrecht: Reidel, 1985:32.

(24)(朱丹溪是中国古代名医,但青少年时期并不喜爱学习,到了三十多岁时还一事无成。有一天,理学家朱熹的弟子到朱丹溪家乡去讲学,朱丹溪也去听讲了。)

罗大伦:朱丹溪还什么都没有呢。朱丹溪一听,哎呦,这高人呐,我们要去学习一下。朱丹溪也背个行李卷,跟着大家一样,跟那帮学子们一样,到山里去学习了。这个是非常奇怪的事儿,我觉得朱丹溪有的时候有点儿行为很怪,有点儿很天真。他觉得,大家都去学,我也去学去,那么就跟着学习去了。但是这一学,坏了,这一学不得了,朱丹溪的人生彻底改变了。(旅游卫视节目《国学堂:梁冬对话罗大伦》)

在例(24)中,朱丹溪原本不学无术,后来学有所成,成为一代名医。话语标记"坏了"表达了说话人对朱丹溪的前后变化感到意外。同时,因为朱丹溪的意外变化是朝着好的,而不是坏的方向发展,所以,话语标记"坏了"的字面意义或者常规用法与语境冲突,表达了说话人的调侃语气,具有幽默效果。

此外,话语标记"坏了"在中国相声中有广泛的运用。相声是创造幽默的艺术,相声演出的过程是一个不断将装满笑料的包袱抖落出来从而制造笑点和幽默的过程。在形式上,相声以双人对口式为主,由逗哏、捧哏两个演员对讲,是典型的会话言语行为。[①] 当出现在逗哏演员话语的结尾处时,话语标记"坏了"表示

---

① 池昌海.相声"包袱"与语用"预设"、"含意"虚假[J].修辞学习,1996(3):9.

当前话轮结束。同时,逗哏演员卖个关子,故弄玄虚,设置悬念,吸引听众注意力。捧哏演员一般会以"怎么了"来承接话轮,向逗哏演员发问,进而引出逗哏演员的回答和解释,为笑料包袱的抖落作好铺垫。所以,话语标记"坏了"之后的语篇信息虽然具有突发性或意外性,但对于听众来说,这种意外信息就是一个笑点所在,能够让听众捧腹大笑。

(25)甲:要了四个菜两个汤,一瓶酒,<u>坏了</u>!

乙:怎么了?

甲:敢情"令堂"是酒串皮。

乙:可不。

甲:脸也红了,浑身起鸡皮疙瘩。吃完饭,我拉着"令堂"到铭新池洗了个澡……(相声《家堂令》)

在上例中,"敢情'令堂'是酒串皮"和"脸也红了,浑身起鸡皮疙瘩"语言戏虐,轻松活泼,是对"坏了"的回答和解释,说明"坏了"并非真正地糟糕了,而是具有调侃功能。同样,在例(26)中,理发师本在理发,但因为狗在偷吃他的饼,理发师便将剃头刀扔向狗,结果"刀尖也崩了,刀把也折了",而被理发的人还等着理发呢!话语标记"坏了"不仅表达了理发师意外和懊恼的心情,还能够设置悬念,为剧情的戏剧性转折作好准备,使得"剃到半腰,剃不了了"的笑点自然呈现出来。

(26)甲:这狗吃完不走,还围着那儿转悠,可把这剃头的气坏啦,实在忍不住啦,把刀举起来,照着狗就砍下去啦。

乙：砍着啦？

甲：没砍着。"猫蹿狗闪"，跑了，这刀正摔到石头上了。剃头的更火儿了，头还没剃完呢，也顾不得剃了，把刀捡起一看，<u>坏了</u>。

乙：怎么啦？

甲：刀尖也崩了，刀把也折了，这位汗也下来了，冲这把刀运气！那位不知道啊：怎么剃到半腰把刀子扔啦？问问他：（用手拍拍自己的脑袋）："哎！你倒是剃啊！""剃不了啦！"

乙：怎么啦？

甲："刀子坏啦！""你刀子坏啦！我剩这撮儿怎么办啊？""那你就留小辫吧！"

乙：不像话！（相声《怯剃头》）

7.3 "X了"双音话语标记的语篇功能

韩礼德和韩茹凯（M. A. K. Halliday & Ruqaiya Hassan）(1976)将"语篇"定义为"一个任何长度的、语义完整的口语或书面语段落"。① 黄国文(2001)认为，在形式上语篇是"大于句子的语言单位"，在功能上语篇是"使用中的语言"。简单地说，语篇就是

---

① Halliday, M. A. K. and Hasan, R. Cohesion in English [M]. London：Longman Publishing Group,1976：1.

一连串连续的句子或者话语,既可以是书面语,也可以是口语。语篇内部具有连贯性。韩礼德和韩茹凯(1976)认为语篇衔接有5种手段:指称(reference)、替代(substitution)、省略(ellipsis)、连接(conjunction)和词汇衔接(lexical cohesion)。

笔者认为,话语标记"够了""糟了"和"坏了"具有语篇衔接功能,分别构建"刺激—反应"语篇和转折语篇。

7.3.1 "够了"的"刺激—反应"语篇

"够了"照应前面的话语,是对对方已完成的或正在进行的言语行为的一种反应。对方言行所传递的信息中含有的刺激因子是诱发因素,致使当前说话人失控,从而构成了"刺激—反应"链。

从刺激方式来看,"够了"的刺激源可分为行为刺激和言语刺激。

(27) 她总是喜欢在屋内来回走动,让我感到有一股深夜的风在屋内吹来吹去。我一直忍受着这种无视我存在的举动,我尽量寻找借口为她开脱。我觉得自己的房间确实狭窄了一点,我把她的不停走动理解成房间也许会变得大一些。然而我的忍气吞声并未将她感动,她似乎毫不在意我在克服内心怒火时使用了多大的力量。她的无动于衷终于激怒了我,在一个傍晚来临的时刻,我向她吼了起来:"够了,你要走动就到街上去。"(余华《此文献给少女杨柳》)

(28) 童进说:"不,你哪方面都比我强,你政治上强,业务上强,利华情况熟悉,经验丰富……"

　　王祺不让他数下去,打断他的话:"<u>够了</u>,<u>够了</u>,这些都不值得提,你现在比我进步,组织上委派你来,是正确的。"(周而复《上海的早晨》)

在例(27)中,对方喜欢在屋内来回走动的行为刺激说话人打断话语,并吼道"够了"。在例(28)中,组织上已经委派童进来担任利华(药房)的经理,但童进很谦虚,认为王祺更能胜任这个工作。当童进在细数王祺的各种优点时,王祺反而觉得这些言语及童进故作谦虚的行为是在讽刺他。因此,这些言语加上行为成了"够了"的刺激源,致使王祺使用话语标记"够了"打断了童进的话语。

从刺激效果来说,"够了"的刺激源可以分为消极刺激和积极刺激。消极刺激是指对方的言行不符合当前说话人的心理预期,具有不礼貌性,受到说话人的强烈排斥。例(27)中"吼"的方式和例(28)中"打断"的方式表明说话人心中十分的不满。积极刺激是指对方的言行在当前说话人的内心产生共鸣,但是一旦对方的言行超出当前说话人的心理承受能力,也会被说话人制止。例如,在前文例(1)中,灵珊听着韦鹏飞痛苦的爱情陈述,内心十分同情和怜悯,最终不忍她所钟爱的人继续痛苦地讲下去,所以,灵珊通过"低语祈求"的方式打断对方的话语。

"够了"的后续话语是说话人对"够了"所作的进一步解释,使之听起来更加明晰、合理。"够了"之后的解释性话语可大致分为两类:一类是运用否定意义的表达来明确和加强前面"够了"的语气;另一类是原因表述,阐释"够了"产生的缘由。"够了"后续话语的解释性语言多数指向听话人。在例(27)中,"你要走动就到街上去"可推导出"你不要在屋内走动"之意,是个间接的否定。在例(28)中,"够了"的后续话语"这些都不值得提"具有否定意味,表达"不要再说了"之意。

(29)"够了,不要再看了,"站在克定背后的觉慧用严肃的声音说。(巴金《家》)

在例(29)中,"够了"的刺激源是"看"这种行为。其后续话语"不要再看了"是典型的否定祈使句,且通过严肃的声音来表达,使得"够了"所传递的不耐烦和厌恶之情有明确的意义指向和指称对象。

(30)他(茂才)话未说完,致庸已经气呼呼地站起:"够了,你既说是乱世,那就绝无行黄老之术的道理,茂才兄,你什么都想到了,就是忘了'天下兴亡,匹夫有责'这八个字!"(朱秀海《乔家大院》)

在例(30)中,茂才的言语刺激了乔致庸。在表达"够了"之后,乔致庸紧接着陈述了原因"你什么都想到了,就是忘了'天下兴亡,匹夫有责'",从而明确了"够了"的语义和语气。

(31)"很好,"大史连连点头,"进去后机灵点儿,有些事顺手就能做,比如瞄一眼他们的电脑,记个邮件地址或网址什么的……"

"够了!你误会了,我不是去卧底,只是想证明你的

无知和愚蠢!"(刘慈欣《三体》)

在例(31)中,汪教授在大史的言语刺激下,表示可以加入"科学边界",但是话语标记"够了"表明汪教授对大史的言论极为不满,所以他又紧接着直陈不满的缘由是"你误会了"和"我不是去卧底,只是想证明你的无知和愚蠢"。

话语标记"够了"的后续话语中的否定表达和原因表述也可能共现,使得"够了"所产生的特定语气听起来更加自然。

(32)儿子受到了这种沉默鼓舞,便在一次徐姐又先喝高汤的时刻向徐姐发起了猛攻:"够了,你这套低水平的饭！自己还先挑葱花儿！从明天起我管,我要让大家过现代化的生活！"(王蒙《坚硬的稀粥》)

在例(32)中,徐姐是佣人,负责给全家人做饭。但是,多年来,徐姐过于节俭,饭菜做得非常简单,而且有时候,徐姐自己还偷偷地喝高汤。在徐姐这一连串的行为刺激下,儿子内心的不满终于爆发。"够了"的后续话语"你这套低水平的饭！自己还先挑葱花儿"是解释性话语,是"够了"产生的原因。同时,"从明天起我管"暗示"明天起,你不要做饭了"之意,表达了间接的否定。

(33)"够了！够了！我再也不愿意听这样的忏悔！我不是圣母,不是上帝。你去找他们吧！我不会忘记过去！也不愿意忘记过去！"(戴厚英《人啊,人》)

在例(33)中,"够了"的刺激源是对方的忏悔式言语。后续话语的5个句子中,第一句是否定句,明确"够了"的具体语义;第二句是原因句,用以解释为什么"我不愿意听"或"听够了";第三句是建议表达,是前面两句的语义的自然顺延;最后两句与第二句在语义上有承接关系,也属于原因解释。

至此,我们可以总结出"够了"的前言后语的主要模式,即:

前言(刺激源:行为动作和言语内容;刺激效果:消极刺激和积极刺激)——够了(反应)——后语(解释语:否定表达和原因表述)

笔者将上述几例中"够了"的前言后语的特征简单列表如下。由于绝大多数的刺激源产生消极刺激效果,所以表中未体现刺激效果。

表7.1 话语标记"够了"的前言后语的主要呈现模式

序号	前言（刺激源）		话语标记（反应）	后语（解释语）	
	行为动作	言语内容		否定表达	原因表述
例(27)	＋	－	够了	＋	－
例(28)	＋	＋		＋	－
例(29)	＋	＋		＋	－
例(30)	－	＋		＋	＋
例(31)	－	＋		＋	＋
例(32)	＋	＋		＋	＋
例(33)	－	＋		＋	＋

备注:"＋"表示"具有","－"表示"不具有"。

7.3.2 "糟了"与"坏了"的转折语篇①

7.3.2.1 狭义转折与广义转折

转折具有狭义和广义之分。狭义的转折关系指带有明显转折标记词的转折复句,是语法学的关注对象之一。早在清末时期,马建忠在《马氏文通》(1983)中就已论述了"前后句意义相背"的"反正之句",并将连接词分为"转捩连字"和"推拓连字"。前者指"然、然而、然则"等转折连词,后者包括"虽、纵"等让步连词和"若、苟"等假设连词。② 马氏转折复句的分析基于文言文语料,研究的是文言文语法。

黎锦熙(1992)研究了白话文中的转折复句现象,提出转折复句的3种情况:前后句完全相反的重转型,连词有"然而、可是、但是"等;前后句部分相反的轻转型,连词有"只是、不过、其实"等;后句打消前句,表示出乎意料的或无可奈何的意外型,连词有"不料、不想、反而"等。

邢福义(2001)对转折复句的分类更为细致,他将复句分为因果关系、并列关系和转折关系3类,这3类都属于一级复句层次。转折关系类复句又包括转折句、让步句和假转句这3种二级复句。让步句还可以再分为实让句、虚让句、总让句和忍让句这4种三级复句。其中,转折句句式结构为"p,但是q",转折连词还有"然而、

---

① 本节部分内容在《新疆大学学报(哲学·人文社会科学版)》2017年第4期发表,论文题目为《话语标记"糟了"的转折语篇研究》。
② 马建忠.马氏文通[M].北京:商务印书馆,1983:434.

可是、不过"等。让步句句式结构为"虽然 p,但是 q",即先让步,后转折,连词还有"即使……也……、无论……都……"等。假转句句式结构为"p,否则 q",连词还包括"不然、要不"等。

概言之,狭义的转折复句研究在形式主义语言学框架下,注重前后句的语义关系和转折标记词的分析。但随着语言学理论呈现多元化趋势,转折复句研究所受到的功能主义语言学和认知语言学理论的影响也在不断加深。

首先,转折中的语义关系判断转向心理或认知冲突。郭志良(1999)指出"转折说到底是心理上的转折",他认为,判别一个复句是不是转折复句,主要不是看分句之间是否语意对立,而是看后一分句所表事实是否轶出预期,是否属于异态。转折关系不仅指在语言使用中建构的不同观念之间的对比或冲突,还泛指两事件的状态之间因比较而产生的冲突关系。①

其次,转折衔接的前后语篇概念突破复句的界限,转向广义的转折范畴,分句之间、句子之间、句群之间、语篇之间都可能存在转折关系。在例(34)中,转折词"但是"衔接的是句群,不是分句,整个段落不是转折复句,而是一个转折语篇。

(34)副班长的话有道理。现在中央三番五次强调不要大吃大喝,这是不正之风,干不得。<u>但——是</u>,我们想想,首长是老革命、老前辈,他身上有十一处伤疤!同志们,十一处呀!一个老红军,在六十—六十四岁的高龄

---

① 郑丹,田文霞,张锐.转折关系的预设研究[J].外语学刊,2013(3):24—30.

之际,还不辞劳苦,下来检查指导工作,我们难道只给他老人家三菜一汤吗？对得起吗？心里不愧吗？（简嘉《女炊事班长》）

7.3.2.2 "糟了"与"坏了"的转折标记

转折关系的组合手段主要有两种:意合法和形合法。靠意合法组成的转折关系语段,无形式标志或无专职的形式标志;靠形合法组成的转折关系语段有专职的形式标志。① 话语标记"糟了"和"坏了"是非典型转折标记。一方面,话语标记"糟了"和"坏了"的概念意义有不同程度的沉积,其语义预设和语用预设有助于推导出前后语篇之间的逻辑关系。另一方面,话语标记"糟了"和"坏了"虽不像"但是、虽然……但是……、否则"能起到明显的转折关系标志作用,但用作话语标记,游离于话语之间,能够充当预设触发语和新信息引导语,对于话语理解起到程序性意义。

（一）预设触发语

预设(presupposition)又叫先设或前提,包括语义预设和语用预设。前者是基于真值条件来研究两个命题之间的关系,后者是结合语境来推导与说话人(有时也包括听话人)的信念、态度、意图有关的前提。②

预设可以从话语中的某些词、短语、句式或某种语境中推理出来,这些能作为预设基础的词项或表层结构形式就叫作"预设触发

---

① 郭志良.现代汉语转折词语研究[M].北京:北京语言文化大学出版社,1999:56.
② 何自然.语用学与英语学习[M].上海:上海外语教育出版社,1997:68.

语",列文森(2001)介绍了13种预设触发语,其中的状态变化动词,如"stop",预设某动作曾处于进行状态。季安锋(2009)指出,一些副词和连词具有预设功能,比如,转折句式"虽然A,但是B"预设"存在A的情况下,一般会非B"。

我们认为,话语标记"糟了"和"坏了"是转折标记,具有反预期功能,表明事情朝不好的方向发展变化,所以具有预设功能。

(35)一天深夜,一个被多次传讯的人找到我,小声说:"怎么办?坏了,他们看来非得查出一两个人来不可……"(张炜《柏慧》)

在例(35)中,"坏了"预设说话人原本以为"他们"会草草了事,不会深查案件,但现在"非得查出一两个人来"。

在交际过程中,交际者把已知的熟悉的信息作为预设,从而能够减轻说话者的表述负担,也使得听话者免去了理解话语时的许多辛劳。① 话语标记"糟了"和"坏了"作为触发语能够推导出预设,所以在"糟了"和"坏了"所衔接的转折语篇中,前语篇经常作为预设而没有出现在话语中。

(二)新信息引导标记

韩礼德(1967)认为,句子的无标记信息结构是一种"已知信息先于新信息"的线性序列。② 已知信息是说话人看作可以通过指

---

① 魏在江.预设研究的多维思考[J].外语教学,2003(2):33.
② Halliday, M. A. K. Notes on Transitivity and Theme in English [J]. Journal of Linguistics, 1967(3):199-244.

示语或情景进行"复原"的信息。新信息有3种:一是并非指从未出现过的信息,而是说话人将其当作新内容而呈现的信息;二是替换预设问题中疑问成分的信息;三是跟某预测或陈述的选择项对立、具有对比性的信息。①

在话语标记"糟了"和"坏了"衔接的转折语篇中,新信息则多以话语形式出现在话语标记之后,是"糟了"和"坏了"衔接的后语篇。以话语标记形式出现时,"糟了"和"坏了"之后有明显的停顿,加之说话人在表达"糟了"和"坏了"的同时,还伴有丰富的诸如表情、举止行为等的非言语符号,"糟了"和"坏了"能够设置悬念,引起对方注意,从而开启话题,引出新信息。

在例(36)中,刘善本使用重复形式的话语标记"糟了,糟了",表明情况的危急和意外程度,并装出惊慌的表情,成功地吸引对方的关注,并使得对方在心理上有所准备,为下一步顺利引出反预期的新信息作了铺垫。

(36) 他回到前舱说:"糟了,糟了!"刘善本装着惊慌万分的神情。领航员等人忙问:"出了什么事?"(李传根《周恩来与刘善本》)

此外,"糟了"和"坏了"所引出的信息和预设下的已知信息之间是一种对立或转折关系,属于韩礼德(1967)所界定的新信息之一。需要指出的是,新信息不一定总是出现在话语标记"糟了"之后,也有可能会出现新信息位于"糟了"之前或者新信息省略的情况。

---

① 赵晶.韩礼德与朗布雷克特信息结构理论对比研究[J].中国外语,2014(1):29.

7.3.2.3 "糟了"与"坏了"的转折语篇模式

我们先探讨话语标记"糟了"和"坏了"所构建的抽象转折语篇模式,然后再根据"糟了"和"坏了"所处的话语位置来分析具体转折语篇模式。

(一)抽象模式

在话语标记"糟了"和"坏了"衔接的语篇模式中,它们是转折标记语。预设前语篇(标记为 p)是一种常规或标准,而后语篇(标记为 q)是对常规和标准的偏离,前后语篇之间具有广义的转折关系,我们用"p+糟了/坏了+q"结构来抽象表达话语标记"糟了"和"坏了"的转折语篇模式,并描述如下:

A. 甲情况(p)出现或者发生了;

B. 按常理可以推断或预料甲(p)的出现或发生会导致乙(—q)的出现或发生;

C. 由于出现了某种原因或意外;

D. 乙(—q)情况并没有出现或发生;

E. 倒是出现或发生了丙情况(q)。

(37)陆无双暗想:"糟了,糟了。我虽改了容貌装束,偏巧此时又撞到这两个死鬼化子,给他们一揭穿,怎么能脱得师父的毒手?唉,当真运气太坏,魔劫重重,偏有这么多人吃饱了饭没事干,尽是找上了我,缠个没了没完。"(金庸《神雕侠侣》)

我们将例(37)按照上述模式转化成以下信息:

A：陆无双乔装打扮(p)；

B：因为乔装打扮,所以无人识出(-q)；

C：碰到两个叫花子；

D：无人认出的情形出现意外状况；

E：陆无双可能被两个叫花子认出,给他们一揭穿,就脱不了师父的毒手(q)。

在例(37)中,话语标记"糟了"的前语篇是陆无双事先改变了容貌装束。按照常规,乔装打扮后不会轻易被人认出。在后语篇(q)中,因为"撞到两个死鬼化子",出现了一个极其可能发生的反预期结果——"被他们一揭穿,怎么能脱得师父的毒手"。前语篇中的"乔装"与后语篇中的"揭穿"的对立转折关系明显,话语标记"糟了"具有反预期性,表现为转折标记。

(二) 具体模式

话语标记"糟了"和"坏了"的转折语篇具体模式与它们的话语位置有关。

首先,当话语标记"糟了/坏了"处于当前话语的开头位置时,其所衔接的前语篇可以被"糟了/坏了"预设,因此在当前话语中没有出现。换言之,前语篇信息是说话人所掌握的已知信息,包括各种与交际活动相关的物理环境、言语信息、心理活动等语境因素。这些已知信息通过话语标记"糟了/坏了"能够被立刻激活。"糟了/坏了"之后的语篇信息具有新信息特征,说话人对自己刚刚经历的所见、所闻、所想进行言语描述,提出建议或抱怨。话语标记"糟了/坏了"表明说话人对前后语篇,亦即新旧信息之间产生冲突时所持有的态度、情感。

（38）萧峰不断向北，路上行人渐稀，到得后来，满眼是森林长草，高坡堆雪，连行数日，竟一个人也见不到。不由得暗暗叫苦："<u>糟了</u>，<u>糟了</u>！遍地积雪，却如何挖参？还是回到人参的集散之地，有钱便买，无钱便推抢。"于是抱着阿紫，又走了回来。（金庸《天龙八部》）

在例(38)中，萧峰为了救病情严重的阿紫，需要寻找到人参。以他的常识来看，人参在北方的深山老林中肯定能找到。换言之，这个信息对于萧峰来说是已知信息或旧信息。当他"不断向北"寻找人参时，事情没有按照他所预期的发展，所以，"遍地积雪，却如何挖参"是新信息。萧峰对该新信息或新问题采取的解决方法是"回到人参的集散之地"，要么购买，要么采取武力去抢夺。话语标记"糟了"表明萧峰在意外情况下没有找到人参的失望之情。同时，该话语标记还表明了萧峰的认知水平这个前语篇与后来发生的找不到人参这个后语篇之间的冲突，前后语篇表现为转折关系。

其次，当话语标记"糟了/坏了"处于当前话语中间位置时，其转折功能更加明显。"糟了/坏了"之前的话语内容是前语篇，之后的话语内容是后语篇。在例(39)中，周伯通本打算使用"天玄地转迷魂烟"来惩罚对方，但转眼间却又"有点难过"。这表明周伯通对自己态度的瞬间转变，且态度转变之大，感到十分意外。这种前后态度的变化是一种转折关系。在例(40)中，"坏了"的前语篇"回手一摸（钱）"和后语篇"只摸着了滑出溜的大腿，没钱"产生了信息冲突。

(39)周伯通：弄点天玄地转迷魂烟让你尝尝！<u>糟了</u>，在杀这个小贱人之前，我还真有点难过。(电影《东成西就》)

(40)约摸着到了张家胡同中间，他叫车夫站住。他下了车回手一摸，<u>坏了</u>，只摸着了滑出溜的大腿，没带着钱。(老舍《赵子曰》)

再次，话语标记"糟了/坏了"处于结尾位置时，其前语篇与第一种情况中的前语篇类似，即具有常识或者背景知识信息的前语篇没有出现在话语中。但与第一种情况不同的是，其后语篇很罕见地移到了"糟了/坏了"之前。这种前移的新信息对"糟了/坏了"具有解释作用，从而降低了"糟了/坏了"的反预期程度。

(41)我这句话未经考虑说出口，他们立刻抓住威胁：谁说的，谁议论过？说，说，说不出就是你造谣！他们把我的话记下，还让我按上了手印……<u>糟了</u>！(张炜《柏慧》)

在例(41)中，说话人通过言语描述了自己刚刚经历的遭遇，然后以"糟了"结束其话语。话语标记"糟了"表明说话人认知世界中的"不该受到这种遭遇"与现实中"受到这种遭遇"存在转折对比关系。同时，后语篇信息前置，对话语标记"糟了"起到了铺垫作用，"糟了"的意外程度就显得不是很强烈了。这种颠倒常规语序的处置方式表明说话人对自己的经历记忆犹新，一股脑地将不公的遭遇和心中的苦水倒出，待诉说完毕，已是精疲力竭。话语标记"糟了"表明说话人心中不平、失望且又无奈的心情。

最后,当话语标记"糟了/坏了"以光杆形式独立使用时,其前语篇与第一种情况一样,表现为说话人的已知信息,在话语中没有出现。后语篇信息也没有以话语形式出现,但是说话人通常在表述完"糟了/坏了"之后会采取具体的行动来解决刚刚经历的意外情况。如例(42)中的"拿了片子又赶到上房"是对糟糕情形的具体解决方法。

(42)那巡捕赶到签押房,跟班的说:"大人没有换衣服就往上房去了。"巡捕连连跺脚道:"糟了!糟了!"立刻拿了片子又赶到上房。(清代《官场现形记》)

(43)这一片呼喊声,传到了庄后牛吉儿的耳中,双脚乱跳道:"坏了!坏了!"冯承德急道:"快到庄前捉去。"牛吉儿只得硬着头皮,缩在二百八十名军丁背后,喊道:"快到庄前捉拿窦建德!"(民国《隋宫两朝演义》)

在例(43)中,牛吉儿自己对突发情况感到非常意外,慌得六神无主,不知所措。"坏了"之后的建议虽不是牛吉儿自己所想到的,而是冯承德的提醒,但最终牛吉儿"只得硬着头皮"去试图解决问题了。

在话语标记"糟了/坏了"衔接的转折语篇中,前语篇中的已知信息因为语言具有经济性而被预设,后语篇中的新信息在少数情况下被放在"糟了/坏了"之前,或者通过说话人的行为动作来代替新信息的言语表达。至此,我们可将话语标记"糟了/坏了"衔接转

折语篇的具体模式列表如下:

表 7.2 话语标记"糟了/坏了"衔接转折语篇的具体模式

"X 了"的位置	前语篇(p)	后语篇(q)	结构式
开头	预设(已知信息)	新信息	(p)+X 了+q
中间	明示	新信息	p+X 了+q
结尾	预设(已知信息)	新信息前置	(p)+q+X 了
独立	预设(已知信息)	(针对新信息的)行动	(p)+X 了+(q)*

* 在"独立"模式下,后语篇(新信息)虽在话语结构中没有体现出来,但说话人的具体行动是对某种新信息作出的反应。这种反应能够折射出部分新信息内容。

7.3.2.4 "糟了"与"坏了"的语篇转折关系

张谊生(1996)谈到副词的篇章连接功能时,基于逻辑基础、事理因素和心理趋向,将副词的转折关系分为对立式、补注式、无奈式和意外式 4 种。① 谭方方(2014)根据前后语义衔接关系,从广义角度将转折关系分为 6 类,包括典型对比型、因果违逆型、论点争论型、内容更正型、限制补充型和情状意外型。②

笔者借鉴前人对转折的分类方法,基于前后语篇的语义关系,结合翔实语料,梳理出话语标记"糟了"和"坏了"的转折类型主要包括情状意外型、因果违逆型和典型对比型 3 种。

(一) 情状意外型

情状意外型转折通常具有明显的先后时间承接关系,但前后

---

① 张谊生.副词的篇章连接功能[J].语言研究,1996(1):132—133.
② 谭方方.广义转折关系的语义新分类与句法验证:以汉英语为例[J].外语教学与研究,2014(5):678—690.

没有事理影响性与因果逻辑推理性关系或者语义对立关系,通过话语标记"糟了"和"坏了"来预告一个对于说话者来说新的、反预期的突发意外信息。

(44) 常少乐惊叫道:"你看那是什么？<u>糟了</u>,<u>糟了</u>,他们要抢桥。"(柳建伟《突出重围》)

(45) 仙姑正在想得出神,蓦听得后面一阵男子嘻哈追逐之声,不禁回头一看。啊呀呀,<u>坏了</u>,<u>坏了</u>。原来这班人正是老道所言赵公子和他身边的一群走狗……(清代《八仙得道》)

在例(44)中,常少乐对于对方要抢桥的行为是一点心理准备都没有,完全在其预料之外。在例(45)中,仙姑正在想着心事,完全沉浸在自己的世界里,对于赵公子和他的一群走狗的出现感到非常意外。

(二) 典型对比型

典型对比型转折指前后语篇中会出现两个语义相对或相反的词项或意义。话语标记"糟了"和"坏了"的语义预设前后语篇所涉主题经历了一个从过去到当前的意外变化过程。这种具有时间跨度的对比有先后承接性,事态变化呈对比状态。

(46) 她一摸身上,说:"<u>糟了</u>！老斑,老子把挎包丢了。"(严歌苓《穗子物语》)

在例(46)中,话语标记"糟了"表明说话人原先将挎包背在身上,或者说话人认为她自己原先将挎包背在身上,这是预设信息,也是背景信息。但后来,当她摸身上时,事态出乎说话人预料,发生了意外变化——挎包丢了。前语篇"背在身上"和后语篇"挎包丢了"语义相反,通过话语标记"糟了",表现为典型的对比型转折关系。

(47)你要喝茶吗？<u>坏了</u>,孩子们洗脸把热水全用光了。我得烧！(六六《王贵与安娜》)

同理,在例(47)中,"坏了"的前语篇信息"喝茶"和后语篇信息"热水全用光了"产生了语义上的对比。

(三)因果违逆型

因果违逆型是狭义的,只限于后一命题否定了与因果有关的预期,是对根据世界知识或先验认识进行因果推理的结论的否定。① 换言之,话语标记"糟了"和"坏了"的前语篇信息在正常情况下应该推理出与后语篇相反的情况。从逻辑关系来看,前后语篇存在明显的因果关系层面的影响;从心理关系来说,反预期的心理意外程度较强。

(48)黄药师:哎呀！莫非他就是采花贼？<u>糟了</u>！三公主有危险了！三公主！(电影《东成西就》)

在例(48)中,话语标记"哎呀"表明黄药师最初没有想到对方

---

① 谭方方.广义转折关系的语义新分类与句法验证:以汉英语为例[J].外语教学与研究,2014(5):681.

是采花贼。换言之,在前语篇中,黄药师主观地认为"他不是采花贼",所以三公主没有危险。在后语篇中,黄药师突然意识到自己错了,事实上,"他就是采花贼",因而"三公主有危险了"。话语标记"糟了"表明前后语篇具有因果违逆型转折关系。

(49) 我再一张嘴,台下忽然响起一片口号声打倒我。原来台下坐满人。后来打监狱里出来才知道,那天叫去参加会的是我们公司的全体党员,不叫群众参加。我再一琢磨,坏了!揭发我的,全是我一帮铁哥儿们,口供又完全一样,没跑了,死罪,非弄死我不可了。(冯骥才《一百个人的十年》)

在例(49)中,"我"在台上接受批判时,台下坐着"一帮铁哥儿们"。按照正常的逻辑来推理,铁哥儿们应该会帮我,而不是害我。但这次,他们却都来揭发我。话语标记"坏了"表明前后语篇具有因果违逆型转折关系。

(四) 可能的转折类型

通过对北京大学中国语言学研究中心语料库的检索和分析,笔者尚未发现话语标记"糟了"和"坏了"具有观点争论型、限制补充型和内容更正型转折关系的语料。借鉴井筒美津子(Mitsuko Narita Izutsu)[1]的转换法,笔者对谭方方[2]所列举的观点争论型、

---

[1] Izutsu, M. N. Contrast, Concessive and Corrective: Toward a Comprehensive Study of Opposition Relations [J]. Journal of Pragmatics, 2008(40): 646-675.
[2] 谭方方.广义转折关系的语义新分类与句法验证:以汉英语为例[J].外语教学与研究,2014(5):678—690.

限制补充型和内容更正型转折的部分实例进行句法验证。验证方法是先将原例中的转折标记改换成话语标记"糟了"或"坏了",然后观察句式改变后,这3种转折类型句法的合格性及其语义变化情况。

(50a) 根据抽签情况,我队打入半决赛还有希望,<u>但</u>必须在小组赛中吃掉瑞典队。(限制补充型)

(50b) 根据抽签情况,我队打入半决赛还有希望。<u>糟了/坏了</u>,我们必须在小组赛中吃掉瑞典队。

(51a) 他什么都好,<u>但是/就是/只是</u>脾气不好。(限制补充型)

(51b) 他什么都好。<u>糟了/坏了</u>,他脾气不好。

(52a) 尽管公司生产的汽车在质量上是无可挑剔的,<u>但是</u>价格太昂贵了。(观点争论型)

(52b) 公司生产的汽车在质量上是无可挑剔的。<u>糟了/坏了</u>,价格太昂贵了。

(53a) 不是我们无能,<u>而是</u>对手太强大了。(内容更正型)

(53b) 不是我们无能。<u>糟了/坏了</u>,对手太强大了。

(54a) 我们马上出发,因为已经发现黑妖精了。<u>其实</u>应该说是知道黑妖精的藏身地点才对。(内容更正型)

(54b) 我们马上出发,因为已经发现黑妖精了。<u>糟了/坏了</u>,应该说知道黑妖精的藏身地点才对。

因为话语标记"糟了"和"坏了"不是典型的转折标记,而且笔者是直接替换句中的典型转折词,并未对句序作任何调整,所以替换后的句子读起来的语感不是很强,语义不是很流畅,且细品后,语义有不同程度的变化。但是转换后,句子的句法基本成立,总体转折关系依然存在。例(50b)、例(51b)、例(52b)使用"糟了"或"坏了"分别代替转折词"但、但是/就是/只是、尽管……但是……"后,"糟了"和"坏了"的贬义感情色彩和较强的主观性对改换后的句子的语义产生了一些影响,但并没有改变前后语段之间的转折关系。例(53a)和例(54a)属于内容更正型转折关系,前者是用正确的一方来更正或替代错误的一方,后者是用更精确、全面、恰当的表达来更正或替代不够完美的表达。具体而言,在例(53a)中,(输了比赛的)真正原因是"对手太强大了",而不是别人所认为的"我们无能"。"对手强大"超出了我们的预期,使用话语标记"糟了"和"坏了"也能传递出这种超预期语气。但是,在(54a)中,副词"其实"连接的是一个更加精确恰当的表达,来代替前面笼统的表达。从感情色彩来看,"其实"后的信息更加完美,具有褒义色彩。如果使用"糟了"或"坏了"来替换"其实",尽管能传递一定的转折信息和意外性,但感情色彩不相匹配。不过,如果我们将例(54a)改成(55a),那么(55b)就可以将"其实"替换成"糟了"或"坏了",之前所说的感情色彩问题不复存在。

(55a) 敌人马上出发,因为已经发现我们了。<u>其实</u>应该说是知道我们的藏身地点才对。

(55b) 敌人马上出发,因为已经发现我们了。<u>糟了/坏了</u>,应该说是知道我们的藏身地点才对。

概言之,笔者基于语料的考察和分析,根据前后语篇或语段之间的关系判断话语标记"糟了"和"坏了"的语篇转折类型包括典型对比型、因果违逆型和情状意外型。此外,笔者借鉴转换实验法,将相关文献中其他 3 类转折关系的转折标记替换成"糟了"或"坏了",替换后的句子语义略有变化,但仍能判定其具有转折关系,因此"糟了"和"坏了"的转折类型还可能包括限制补充型、观点争论型和内容更正型,不过这 3 种类型在现实语料中尚未发现。

综上,与"但(是)、可是、虽然……但是……"这些典型转折标记相比,话语标记"糟了"和"坏了"是非典型转折标记。同时,话语标记"糟了"和"坏了"表达说话人突然醒悟或者意外的感情色彩,具有较强烈的主观性。

7.4 小结

"X 了"双音构式话语标记具有人际功能和语篇功能。"够了"构建"刺激—反应"语篇,伴随有特定的非言语符号,这些符号起到了加强或减弱"够了"的不礼貌功能,凸显"够了"的批评指责、警告劝诫、讽刺挖苦等语用功能的作用。"糟了"和"坏了"通常情况下可以互换,可以构建转折语篇,起到反预期功能。语料显示,"坏了"还具有表达幽默的功能。

第八章 结　　语

8.1　研究发现

本书主要有以下几方面的发现：

第一，本书基于构式的界定标准和特征分析，对现代汉语"X了"构式进行了细致描写。笔者发现，"X了"双音构式的结构类型丰富，除了常见的"X了"双音动词、双音介词、双音语气词和双音连词，还有"X了"双音话语标记和双音唯补词。

第二，"X了"构式用作话语标记是语法化现象。学界关于话语标记来源于语法化还是词汇化存在着争论。本书所研究的"够了""糟了"和"坏了"的语法化过程为"话语标记是典型的语法化现象"提供了新的史料证据。

第三，"X了"构式的语法化过程具有共同的语法化规律，其语法化动因包括句法环境、经济原则、频率原则和双音化作用。笔者还发现，通过翻译作品带来的语言间接接触对"X了"构式的语法化进程有推动作用，这是以往"X了"结构虚化研究中被忽视的一个动因。"X了"双音构式的语法化机制包括认知隐喻和重新分析。认知隐喻作用于"X了"的语义泛化和类推。重新分析对于"就X了"和动补结构"VX了"省略为跨层结构"X了"有较强的解释力。"X了"构式的语法化过程也是主观化过程。

第四,"X了"双音构式具体的演变路径和语法化程度不同。"够了"从肯定义到否定义的语义演变与语用推理相关。"糟了"的语法属性变化与话题化和反宾为主句机制有关。"坏了"语法化的一个重要机制是从双动词并列结构或连动结构到动补结构的重新分析。鉴于"X了"双音构式话语标记的概念意义的虚化程度,以及话语标记语用变体带来的语形稳定程度,笔者判断,"X了"构式具体个案的语法化程度表现为:够了＞坏了＞糟了。此外,"够了"和"坏了"用作程度补语时,具有唯补词属性。

第五,"够了""糟了"和"坏了"没有经历词汇化过程。这3个个案与"X了"成词构式"罢了、算了、得了、行了、好了"等有着相似的句法环境,都可以用在条件句"S(主谓句),就X了"中,但却没有词汇化。究其原因,具有肯定意义的"够了"虽然可以进入该条件句,从表示完成意义转为表示许可意义,但否定意义的"够了"表达"不可以",阻隔了"够了"的词汇化过程。"(就)坏了"和"(就)糟了"不能表达许可意义,不能用来表示许可或者随意的语气,所以没有经历词汇化过程。

第六,"X了"双音构式的话语标记功能与语体特征有一定的关系。话语标记"糟了"和"坏了"用在独白语体中,充当元语用评价语,是说话人对当前情况的一种主观判断,表达了突然醒悟或者意外的语气,不涉及听话人,表现出较强的主观性。用在对话语体中的"X了"双音构式话语标记体现出说话人对听话人的关注,有一定的交互主观性。

第七,话语标记"够了"的人际意义集中体现在其非礼貌的语用功能。以往的研究聚焦"X了"话语标记的礼貌功能,忽视了言语交际中客观存在的不礼貌现象。基于不礼貌理论的"够了"话语标记功能分析,是本书的一个尝试和发现,是对"X了"话语标记研究的视角转换和理论补充与完善。

最后,话语标记"糟了"和"坏了"具有反预期功能,能够建构宏观意义上的转折语篇。话语标记"糟了"的概念意义沉积明显,反预期程度高于"坏了"。"坏了"的概念意义有所虚化,尤其受其作程度补语的唯补词属性的影响,在日常会话和相声语体中,还可以起到表达幽默的功能。

8.2 研究不足

本书主要有3点不足。

第一,本书对"够了""糟了"和"坏了"的语法化过程、动因和机制,以及话语标记功能进行了细致分析,但所选取的个案只有3个,样本数量较少。此外,"够了""糟了"和"坏了"具有清晰的历时演变过程,使用频率较高,是典型的"X了"双音构式话语标记。但有些话语标记,如"O了/欧了"和"out了",似乎语法化过程并不明显,更多是因为"X了"构式具有能产性特点所产生的类推结果。因此,笔者对现代汉语"X了"双音构式的语法化过程和机制的研究还需要进一步细化。

第二,本书采用的语料主要来自北京大学中国语言学研究中心语料库,部分例子引自百度新闻搜索。从历时角度来看,所用语料库的古代汉语语料还不是十分全面。例如,在论及"了"的语法化过程时,一些汉代汉译佛经文献在北京大学中国语言学研究中心语料库中不能完全检索到,从而在一定程度上影响到本书对"了"的语法化过程的仔细刻画。此外,在论述语言间接接触对"X了"双音构式的语法化进程产生的影响时,本书所引用的语料库翻译语料多是当代翻译作品,不能完全反映五四运动前后外国文学作品中的话语标记翻译对"X了"话语标记的影响。因此,在以后的研究中,笔者需要进一步扩大语料检索的范围。

第三,本书探讨了"X了"双音话语标记的来源问题,对比了双音非词构式与双音成词构式的演化路径,但是在论及"X了"双音非词构式话语标记的功能时,没有将"X了"双音非词构式话语标记与双音成词构式话语标记进行对比。例如,在不礼貌框架下,"够了"与"算了、行了、好了、得了"等都具有阻止功能,因而都会在一定程度上威胁到听话人的"面子",从而影响到人际关系,以及交际活动的进行,但是这些话语标记之间的不礼貌程度应该会有所不同。如果能将这些话语标记的不礼貌功能进行对比,将有助于研究者更为准确地理解和把握这些话语标记的语用功能,从而使大家避免在交际过程中因为错误选用话语标记而造成的语用失误。

8.3 研究展望

笔者在本书中对"X了"双音非词构式的语法化过程描写和话语标记功能分析,以及以往的"X了"双音成词构式研究,基本上都是独立地从汉语言视角进行的,没有进行跨语言分析。尽管本书在分析"X了"双音非词构式的语法化动因时,论述了语言间接接触下的翻译作品对"X了"话语标记地位的巩固所起到的推动作用,但这并不是真正意义下的跨语言分析。

所以,笔者对"X了"构式的研究展望是:从构式化理论角度出发,探究"X了"构式化的演化过程;从跨语言视角出发,描写"够了""糟了"和"坏了"的汉外(语)翻译实践,总结归纳"X了"话语标记的汉外翻译策略;同时,探讨"够了""糟了"和"坏了"在对外汉语课堂中的教学原则。具体如下:

第一,随着学界对构式和构式化相关理论研究的深入,我们可以利用构式化理论对"X了"双音构式的构式化过程及构式化动因和机制进行研究,并比较构式化过程与其语法化过程的异同点。

第二,汉英话语标记均在一定程度上标示着前后话语之间的关系,在话语构建中具有程序性意义,为话语理解提供指引作用,便于听话人准确解读话语。在翻译过程中,我们可以尝试从关联视角出发,理解话语标记"够了""糟了"和"坏了"的语用功能及说话人的语用用意,理顺话语标记的前后话语之间的关系,并注意在汉语和外语语境下使用话语标记的差异,灵活处理,译出汉英话语标记之间的对等意义,从而减少读者对于译语理解付出的认知努力。

第三,在教学过程中,尤其是对外汉语教学过程中,教师可以将话语标记视为关联语,采取整体处理的教学原则,使用综合归纳法和演绎法来讲授话语标记"够了""糟了"和"坏了"。教师可引导学习者利用自身的语言使用经验,通过观察和分析含有相关话语标记的例句,总结语言使用规则。或者教师也可以首先讲授相关话语标记的具体规则,然后再给学生提供相应的例句。

参考文献

[1] Athanasiadou, A. On the Subjectivity of Intensifiers [J]. Language Sciences, 2007(4).

[2] Blakemore, D. Semantic Constraints on Relevance [M]. Oxford: Blackwell Publishers Ltd, 1987.

[3] Blakemore, D. Understanding Utterances: An Introduction to Pragmatics [M]. Oxford: Blackwell Publishers Ltd, 1992.

[4] Blakemore, D. Relevance and Linguistic Meaning: The Semantics and Pragmatics of Discourse Markers [M]. Cambridge: Cambridge University Press, 2002.

[5] Brinton, L. J. and Traugott, E. C. Lexicalization and Language Change [M]. Cambridge: Cambridge University Press, 2005.

[6] Bybee, J., Perkins, R. and Pagliuca, W. The Evolution of Grammar—Tense, Aspect, and Modality in the Languages of the World [M]. Chicago: The University of Chicago Press, 1994.

[7] Bybee, J. Mechanisms of Change in Grammaticization: The Role of Frequency [A]. The Handbook of Historical Linguistics [C]. Malden, MA: Blackwell, 2003.

[8] Carter, R. and McCarthy, M. Cambridge Grammar of English [M]. Cambridge: Cambridge University Press, 2006.

[9] Clark, H. H. and Fox Tree,J. E. J. Using uh and um in Spontaneous Speaking [J]. Cognition, 2002(1).

[10] Culpeper, J. Towards an Anatomy of Impoliteness [J]. Journal of Pragmatics, 1996(25).

[11] Culpeper, J. Impoliteness: Using Language to Cause Offence [M]. Cambridge: Cambridge University Press, 2011.

[12] Culpeper, J. Bousfield, D. and Wichmann, A. Impoliteness Revisited: With Special Reference to Dynamic and Prosodic Aspects [J]. Journal of Pragmatics, 2003(35).

[13] Fox Tree, J. E. Listeners' Uses of um and uh in Speech Comprehension [J]. Memory and Cognition, 2001(2).

[14] Fraser, B. An Approach to Discourse Markers [J]. Journal of Pragmatics, 1990(14).

[15] Fraser, B. Pragmatic Markers [J]. Pragmatics, 1996(2).

[16] Fraser, B. What Are Discourse Markers [J]. Journal of Pragmatics, 1999(31).

[17] Fries, C. C. The Structure of English [M]. New York: Harcourt, Brace and Company, 1952.

[18] Givón, T. On Understanding Grammar [M]. New York: Academic Press, 1979.

[19] Goldberg, A. E. Construction: A Construction Grammar Approach to Argument Structure [M]. Chicago: The University of Chicago Press, 1995.

[20] Goldberg, A. E. Construction: A New Theoretical Approach to Language [J]. 外国语,2003(3).

[21] Goldberg, A. E. Construction at Work: The Nature of Generalization in

Language [M]. Oxford: Oxford University Press, 2006.

[22] Grice, H. P. Logic and Conversation [A]. Syntax and Semantics [C]. New York: Academic Press, 1975.

[23] Halliday, M. A. K. Notes on Transitivity and Theme in English [J]. Journal of Linguistics, 1967(3).

[24] Halliday, M. A. K. and Hasan, R. Cohesion in English [M]. London: Longman Publishing Group, 1976.

[25] Harris, A. C. and Cambell, L. Historical Syntax in Cross-Linguistic Perspectives [M]. Cambridge: Cambridge Unviveristy Press, 1995.

[26] Haspelmath, M. Explaining the Ditransitive Person-Role Constraint: A Usage-Based Approach [R]. Paper presented at the International Conference on Cognitive Linguistics, Santa Barbara, US, July 2001.

[27] Heine, B., Claudi, U. and Hunnemeyer, F. Grammaticalization: A Conceptual Framework [M]. Chicago: The University of Chicago Press, 1991.

[28] Heine, B. and Kuteva, T. On Contact-Induced Grammaticalization [J]. Studies in Language, 2003(3).

[29] Hopper, P. J. On Some Principles of Grammaticalization [A]. Approaches to Grammaticalization [C]. Amsterdam: John Benjiamins Publishing Company, 1991.

[30] Hopper, P. J. and Traugott, E. C. Grammaticalization [M]. Cambridge: Cambridge University Press, 1993.

[31] Hopper, P. J. and Traugott, E. C. Grammaticalization [M]. Cambridge: Cambridge University Press, 2003.

[32] Hutchinson, B. Modeling the Substitutability of Discourse Connectives [R]. ACL 2005 Proceedings of the 43rd Annual Meeting of the Association for

Computational Linguistics, 2005.

[33] Hyman, L. M. Form and Substance in Language Universals [A]. Explanations for Language Universals [C]. Berlin: Mouton, 1984.

[34] Izutsu, M. N. Contrast, Concessive and Corrective: Toward a Comprehensive Study of Opposition Relations [J]. Journal of Pragmatics, 2008(40).

[35] Janda, R. D. Beyond "Pathways" and "Unidirectionality": On the Discontinuity of Language Transmission and the Counterability of Grammaticalization [J]. Language Science, 2001(23).

[36] Joseph, B. D. Is There Such a Thing as "Grammaticalization" [J]. Language Science, 2001(23).

[37] Knapp, M. L. Nonverbal Communication in Human Interaction [M]. New York: Holt, Rinehart and Winston, 1978.

[38] Kurylowicz, J. The Evolution of Grammatical Categories [J]. Diogenes, 1965(13).

[39] Langacker, R. W. Foundations of Cognitive Grammar: Theoretical Prerequisites [M]. Stanford: Stanford University Press, 1987.

[40] Langacker, R. W. Subjectification [J]. Cognitive Linguistics, 1990(1).

[41] Leech, G. N. Principles of Pragmatics [M]. London: Longman Publishing Group, 1983.

[42] Lehmann, C. Thoughts on Grammaticalization [M]. Munich: Lincom Europa, 1982.

[43] Lenk, U. Discourse Markers and Global Coherence in Conversation [J]. Journal of Pragmatics, 1998(30).

[44] Levinson, S. C. Pragmatics [M]. Cambridge: Cambridge University Press, 1983.

[45] Lightfoot, D. W. Principles of Diachronic Syntax [M]. Cambridge: Cambridge University Press, 1979.

[46] Lyons, J. Semantics [M]. Cambridge: Cambridge University Press, 1977.

[47] Methias, N. W. Impoliteness or Underpoliteness: An Analysis of a Christmas Dinner Scene from Dickens's *Great Expectations* [J]. Journal of King Saud University-Languages and Translation, 2011(23).

[48] Michaelis, L. A. Type Shifting in Construction Grammar: An Integrated Approach to Aspectual Coercion [J]. Cognitive Linguistics, 2004(15).

[49] Newmeyer, F. J. Deconstructing Grammaticalization [J]. Language Science, 2001(23).

[50] Norde, M. Deflexion as a Counterdirectional Factor in Grammatical Change [J]. Language Sciences, 2001(23).

[51] Norde, M. Degrammaticalization [M]. Oxford: Oxford University Press, 2009.

[52] Östman, J. O. You Know: A Discourse-Functional Approach [M]. Amsterdam: John Benjamins Publishing Company, 1981.

[53] Popescu-Belis, A. and Zufferey, S. Automatic Identification of Discourse Markers in Multiparty Dialogues: An In-Depth Study of Like and Well [J]. Computer Speech and Language, 2011(3).

[54] Raskin, V. Semantic Mechanism of Humor [M]. Dordrecht: D. Reidel Publishing Company, 1985.

[55] Redeker, G. Review Article: Linguistic Markers of Discourse Structure [J]. Linguistics, 1991(6).

[56] Sacks, H., Schegloff, E. A. and Jefferson, G. A Simplest Systematics

for the Organization of Turn-Taking for Conversation [J]. Language, 1974(50).

[57] Schiffrin, D. Discourse Markers [M]. Cambridge: Cambridge University Press, 1987.

[58] Sperber, D. and Wilson, D. Relevance: Communication and Cognition [M]. Oxford: Blackwell Publishers Ltd, 1995.

[59] Sweetser, E. From Etymology to Pragmatics: Metaphorical and Cultural Aspects of Semantic Structure [M]. Cambridge: Cambridge University Press, 1990.

[60] Traugott, E. C. Subjectification in Grammaticalization [A]. Subjectivity and Subjectivisation: Linguistic Perspectives [C]. Cambridge: Cambridge University Press, 1995.

[61] Traugott, E. C. and Trousdale, G. Constructionalization and Constructional Changes [M]. Oxford: Oxford University Press, 2013.

[62] 北京大学中文系1955、1957级语言班.现代汉语虚词例释[M].北京:商务印书馆,1982.

[63] 蔡淑美.汉语中动句的研究现状和发展空间[J].汉语学习,2013(5).

[64] 蔡淑美.汉语中动句的语法化历程和演变机制[J].语言教学与研究,2015(4).

[65] 陈昌来.介词与介引功能[M].合肥:安徽教育出版社,2002.

[66] 陈昌来."一贯"的词汇化和语法化及相关问题[J].上海师范大学学报(哲学社会科学版),2014(6).

[67] 陈昌来.副词"一直"的词汇化和语法化及相关问题[J].河南大学学报(社会科学版),2015(3).

[68] 陈廷敬,张玉书等.康熙字典[M].北京:中华书局,1958.

[69] 陈新仁.从话语标记语看首词重复的含意解读[J].解放军外国语学院学报,2002(3).

[70] 陈新仁,吴珏.中国英语学习者对因果类话语标记语的使用情况——基于语料库的研究[J].国外外语教学,2006(3).

[71] 陈原.社会语言学[M].上海:学林出版社,1983.

[72] 陈睿.基于少数民族预科汉语教学的现代汉语话语标记研究[D].吉林大学博士学位论文,2015.

[73] 程茹雪.从《歧路灯》看"罢了"的词汇化与语法化[J].青春岁月,2014(22).

[74] 池昌海.相声"包袱"与语用"预设"、"含意"虚假[J].修辞学习,1996(3).

[75] 戴霞."V/A+极/死/透/坏+了"的搭配关系考察及教学研究[D].复旦大学硕士学位论文,2011.

[76] 戴昭铭.规范化对语言变化的评价和抉择[J].语文建设,1986(6).

[77] 董秀芳.跨层结构的形成与语言系统的调整[J].河北师范大学学报(哲学社会科学版),1997(3).

[78] 董秀芳.重新分析与"所"字功能的发展[J].古汉语研究,1998(3).

[79] 董秀芳.词汇化:汉语双音词的衍生和发展[M].成都:四川民族出版社,2002.

[80] 董秀芳.论"X着"的词汇化[A].语言学论丛编委会.语言学论丛(第28辑)[C].北京:商务印书馆,2003.

[81] 董秀芳.汉语的词库与词法[M].北京:北京大学出版社,2004.

[82] 董秀芳.词汇化与语法化的联系与区别:以汉语史中的一些词汇化为例[A].21世纪的中国语言学(二)[C].北京:商务印书馆,2006.

[83] 董秀芳.词汇化与话语标记的形成[J].世界汉语教学,2007(1).

[84] 董秀芳.汉语的句法演变与词汇化[J].中国语文,2009(5).

[85] 董秀芳.来源于完整小句的话语标记"我告诉你"[J].语言科学,2010(3).

[86] 段德森.论实词虚化[J].云梦学刊,1982(4).

[87] 段玉裁.说文解字注[M].上海:上海古籍出版社,1981.

[88] 方环海,刘继磊."完了"的虚化与性质[J].语言科学,2005(4).

[89] 方环海,刘继磊,赵鸣."X了"的虚化问题——以"完了"的个案研究为例[J].汉语学习,2007(3).

[90] 方绪军.语气词"罢了"和"而已"[J].语言科学,2006(3).

[91] 方永莲.反义词"好"、"坏"的多角度研究[D].延边大学硕士学位论文,2012.

[92] 冯春田.近代汉语语法研究[M].济南:山东教育出版社,2000.

[93] 冯光武.汉语语用标记语的语义、语用分析[J].现代外语,2004(1).

[94] 冯光武.语用标记语和语义/语用界面[J].外语学刊,2005(3).

[95] 冯莉.从"相对"看间接语言接触导致的语法化[J].学术交流,2012(9).

[96] 冯胜利."写毛笔"与韵律促发的动词并入[J].语言教学与研究,2000(1).

[97] 冯志伟.现代语言学流派[M].西安:陕西人民出版社,1987.

[98] 符淮青.现代汉语词汇(增订本)[M].北京:北京大学出版社,2004.

[99] 高亚男.现代汉语"X了"类词语的词汇化研究[D].南京师范大学硕士学位论文,2009.

[100] 高增霞.现代汉语连动式的语法化视角[D].中国社会科学院研究生院博士学位论文,2003.

[101] 高增霞.自然口语中的话语标记"完了"[J].语文研究,2004(4).

[102] 《古代汉语词典》编写组.古代汉语词典[M].北京:商务印书馆,2003.

[103] 管志斌."得了"的词汇化和语法化[J].汉语学习,2012(2).

[104] 桂诗春.心理语言学[M].上海:上海外语教育出版社,1985.

[105] 郭锡良.古汉语虚词研究评议[J].语言科学,2003(1).

[106] 郭志良.现代汉语转折词语研究[M].北京:北京语言文化大学出版社,1999.

[107] 韩静.语气词"好了"的语义与语用分析[J].南开语言学刊,2008(2).

[108] 何文彬.话语标记"X 了"与主观性[J].西南交通大学学报(社会科学版),2013(1).

[109] 何兆熊.新编语用学概要[M].上海:上海外语教育出版社,2000.

[110] 何自然.语用学与英语学习[M].上海:上海外语教育出版社,1997.

[111] 侯瑞芬."别说"与"别提"[J].中国语文,2009(2).

[112] 侯学超.现代汉语虚词词典[M].北京:北京大学出版社,1998.

[113] 胡壮麟.语法化研究的若干问题[J].现代外语,2003(1).

[114] 胡壮麟,朱永生,张德禄.系统功能语法概论[M].长沙:湖南教育出版社,1992.

[115] 华南师范学院中文系《现代汉语虚词》编写组.现代汉语虚词[M].广州:广东人民出版社,1981.

[116] 黄大网.话语标记研究综述[J].福建外语,2001(1).

[117] 黄国文.语篇分析概要[M].长沙:湖南教育出版社,1988.

[118] 黄国文.语篇分析的理论与实践——广告语篇研究[M].上海:上海外语教育出版社,2001.

[119] 霍永寿.从言语行为的实施看话语标记语的语用功能[J].外国语言文学,2005(2).

[120] 季安锋.汉语预设触发语研究[D].南开大学博士学位论文,2009.

[121] 蒋成峰.独白和对话语体的对立[A].语体风格研究和语言运用[C].合肥:安徽大学出版社,2013.

[122] 金昌吉.汉语介词和介词短语[M].天津:南开大学出版社,1996.

[123] 景士俊.现代汉语虚词[M].呼和浩特:内蒙古人民出版社,1980.

[124] 阚明刚.话语标记研究综述[J].现代语文,2012(5).

[125] 雷冬平.近代汉语常用双音虚词演变研究及认知分析[M].北京:中国社会科学出版社,2008.

[126] 黎锦熙.比较文法[M].北京:中华书局,1986.

[127] 黎锦熙.新著国语文法[M].北京:商务印书馆,1992.

[128] 李晋霞."好"的语法化与主观性[J].世界汉语教学,2005(1).

[129] 李慧敏."好了"和"行了"的交互主观性对比研究[J].汉语学习,2012(2).

[130] 李丽娟.动词"看""想""说""知道"为核心构成的话语标记研究[D].华中师范大学博士学位论文,2015.

[131] 李思旭.从词汇化、语法化看话语标记的形成——兼谈话语标记的来源问题[J].世界汉语教学,2012(3).

[132] 李小军.语气词"好了"的话语功能[J].世界汉语教学,2009(4).

[133] 李小军.语气词"得了"的情态功能[J].北方论丛,2009(4).

[134] 李小军.语气词"算了"的话语功能[J].励耘语言学刊,2015(1).

[135] 李咸菊.北京口语常用话语标记研究[D].北京语言大学博士学位论文,2008.

[136] 李艳."罢了"的词汇化考察[J].文学教育,2010(10).

[137] 李忆民.现代汉语常用词用法词典[M].北京:北京语言文化大学出版社,1995.

[138] 李永."一个动词核心"的句法限制与动词的语法化[J].河南师范大学学报(哲学社会科学版),2003(3).

[139] 李宗江.说"完了"[J].汉语学习,2004(5).

[140] 李宗江.语法化的逆过程:汉语量词的实义化[J].古汉语研究,2004(4).

[141] 李宗江.近代汉语完成动词向句末虚成分的演变[A].历史语言学研究(一)[C].北京:商务印书馆,2008.

[142] 李宗江.表达负面评价的语用标记"问题是"[J].中国语文,2008(5).

[143] 李宗江.关于话语标记来源研究的两点看法[J].世界汉语教学,2010(2).

[144] 李宗江,王慧兰.汉语新虚词[M].上海:上海教育出版社,2011.

[145] 利奇.语义学[M].上海:上海外语教育出版社,1987.

[146] 廖秋忠.廖秋忠文集[M].北京:北京语言学院出版社,1992.

[147] 刘辰诞.边界移动与语法化[J].外国语,2015(4).

[148] 刘丹青."唯补词"初探[J].汉语学习,1994(3).

[149] 刘丹青.语法化理论与汉语方言语法研究[J].方言,2009(2).

[150] 刘虹.会话结构分析[M].北京:北京大学出版社,2004.

[151] 刘红妮.非句法结构"算了"的词汇化与语法化[J].语言科学,2007(6).

[152] 刘红妮.汉语非句法结构的词汇化[D].上海:上海师范大学博士学位论文,2009.

[153] 刘坚,曹广顺,吴福祥.论诱发汉语词汇语法化的若干因素[J].中国语文,1995(3).

[154] 刘丽艳.作为话语标记语的"不是"[J].语言教学与研究,2005(6).

[155] 刘丽艳.口语交际中的话语标记[D].浙江大学博士学位论文,2005.

[156] 刘丽涛.现代汉语口语中"得了""好了""算了""行了"的话语功能对比研究[D].河北师范大学硕士学位论文,2013.

[157] 刘宁.句末复合语助词"罢了"考析[D].天津师范大学硕士学位论文,2010.

[158] 刘平.元语用评论语的语用调节性及其积极语用效应[J].外语教学,2014(1).

[159] 刘顺,殷相印."算了"的词汇化和语法化[J].语言研究,2010(2).

[160] 刘晓晴,邵敬敏."罢了"的语法化进程及其语义的演变[J].古汉语研究,2012(2).

[161] 刘永耕.《马氏文通》对实词虚化的研究[J].福建师范大学学报(哲学社会科学版),2005(1).

[162] 刘云峰."算了"的语篇功能与教学方法[J].青年文学家,2013(27).

[163] 刘正光.隐喻的认知研究——理论与实践[M].长沙:湖南人民出版社,2007.

[164] 刘志远,刘顺."罢了"的词汇化及语气意义的形成[J].语文研究,2012(1).

[165] 卢玉波.《西游记》中的语气词"罢了"和"而已"[J].现代语文(语言研究),2007(9).

[166] 罗青松.副词"够"的语法特点分析[J].殷都学刊,1995(1).

[167] 罗耀华,周晨磊."抑"的去语法化[J].语言教学与研究,2013(4).

[168] 罗宇."算了"的词化研究[J].广东第二师范学院学报,2014(2).

[169] 吕叔湘.汉语句法的灵活性[J].中国语文,1986(1).

[170] 吕叔湘.现代汉语八百词(增订本)[M].北京:商务印书馆,1999.

[171] 吕叔湘,朱德熙.语法修辞讲话[M].北京:中国青年出版社,1952.

[172] 马建忠.马氏文通[M].北京:商务印书馆,1983.

[173] 马清华.词汇语法化的动因[J].汉语学习,2003(2).

[174] 马斯洛.动机与人格[M].北京:华夏出版社,1987.

[175] 梅祖麟.现代汉语完成貌句式和词尾的来源[J].语言研究,1981(1).

[176] 梅祖麟.先秦两汉的一种完成貌句式[J].中国语文,1999(4).

[177] 孟琮.口语里的"得"和"得了"[J].语言教学与研究,1986(3).

[178] 木霁弘.《朱子语类》中的时体助词"了"[J].中国语文,1986(4).

[179] 牛保义,徐盛桓.关于英汉语语法化比较研究——英汉语比较研究的一个新视角[J].外语与外语教学,2000(9).

[180] 牛保义.英汉语附加疑问句语法化比较[J].外国语,2001(2).

[181] 潘维桂,杨天戈.魏晋南北朝时期的"了"字的用法[A].语言论集(第1辑)[C].北京:中国人民大学出版社,1980.

[182] 彭伶楠."好了"的词化、分化和虚化[J].语言科学,2005(3).

[183] 彭伶楠.现代汉语双音词"X了"的虚化与词汇化研究[D].上海师范大学硕士学位论文,2006.

[184] 彭睿.临界频率和非临界频率——频率和语法化关系的重新审视[J].中

国语文,2011(1).

[185] 齐沪扬.语气词"的"、"了"的虚化机制及历时分析[J].忻州师范学院学报,2003(2).

[186] 秦洪武,李婵.翻译与现代汉语对比类话语标记使用的历时变化[J].外文研究,2014(4).

[187] 冉永平.试析话语中 well 的语用功能[J].四川外语学院学报,1995(3).

[188] 冉永平.话语标记语的语用学研究综述[J].外语研究,2000(4).

[189] 冉永平.话语标记语 well 的语用功能[J].外国语,2003(3).

[190] 单韵鸣.再释广州话副词"够"[J].中国语文,2008(2).

[191] 单韵鸣.广州话动词"够"的语法化和主观化[J].语言科学,2009(6).

[192] 邵斌,王文斌.英语情态动词 must 的语法化和去语法化认知阐释[M].现代外语,2012(2).

[193] 邵敬敏,朱晓亚."好"的话语功能及其虚化轨迹[J].中国语文,2005(5).

[194] 沈家煊."语法化"研究综观[J].外语教学与研究,1994(4).

[195] 沈家煊.实词虚化的机制——《演化而来的语法》评介[J].当代语言学,1998(3).

[196] 沈家煊.语言的"主观性"和"主观化"[J].外语教学与研究,2001(4).

[197] 沈家煊.复句三域"行、知、言"[J].中国语文,2003(3).

[198] 沈家煊.语用原则、语用推理和语义演变[J].外语教学与研究,2004(4).

[199] 沈克成.书同文——现代汉字论稿[M].上海:上海画报出版社,2008.

[200] 施春宏.动结式论元结构的整合过程及相关问题[J].世界汉语教学,2005(1).

[201] 施春宏.汉语动结式的句法语义研究[M].北京:北京语言文化大学出版社,2008.

[202] 施春宏.动结式"V 累"的句法语义分析及其理论蕴涵[J].语言科学,2008(3).

[203] 施树森.汉语语法提要[M].南京:江苏人民出版社,1957.

[204] 石毓智.汉语语法化的历程——形态句法发展的动因和机制[M].北京:北京大学出版社,2001.

[205] 石毓智.汉语发展史上的双音化趋势和动补结构的诞生[J].语言研究,2002(1).

[206] 石毓智.语法化理论——基于汉语发展的历史[M].上海:上海外语教育出版社,2011.

[207] 石毓智,李讷.汉语发展史上结构助词的兴替——论"的"的语法化历程[J].中国社会科学,1998(6).

[208] 史冠新.临淄方言语气词研究[D].山东大学博士学位论文,2006.

[209] 宋亚云.汉语形容词的一个重要来源:动词[J].长江学术,2007(3).

[210] 孙炳文.从关联视角看庭审互动中话语标记语的语用功能[J].当代修辞学,2015(1).

[211] 孙朝奋.《虚化论》评介[J].国外语言学,1994(4).

[212] 孙晨阳.现代汉语话语标记"X 了"的研究[D].南京师范大学硕士学位论文,2012.

[213] 孙莉,陈彦坤.话语标记"X 了"的逆向应对功能探讨[J].长春师范大学学报,2015(5).

[214] 孙利萍,方清明.汉语话语标记的类型及功能研究综观[J].汉语学习,2011(6).

[215] 孙瑞霞.话语标记"好了"的语法化过程及无标化分析[J].沈阳航空工业学院学报,2008(6).

[216] 太田辰夫.中国语历史文法[M].蒋绍愚,徐昌华,译.北京:北京大学出版社,1987.

[217] 谭方方.广义转折关系的语义新分类与句法验证:以汉英语为例[J].外语教学与研究,2014(5).

[218] 滕延江.现代汉语话题化移位的认知理据[J].鲁东大学学报(哲学社会科学版),2007(3).

[219] 王福祥.俄语话语结构分析[M].北京:外语教学与研究出版社,1981.

[220] 王力.汉语史稿[M].北京:中华书局,1958.

[221] 王力.中国语法理论[M].王力文集(第一卷).济南:山东教育出版社,1984.

[222] 王巍."算了、得了、行了、好了、罢了"三个平面浅析[J].高等函授学报(哲学社会科学版),2010(2).

[223] 王文格.试论性质形容词谓语句的主观性等级[J].玉林师范学院学报,2009(6).

[224] 王寅.狭义与广义语法化研究[J].四川外语学院学报,2005(5).

[225] 王寅.认知语法概论[M].上海:上海外语教育出版社,2006.

[226] 王寅,严辰松.语法化的特征、动因和机制——认知语言学视野中的语法化研究[J].解放军外国语学院学报,2005(4).

[227] 王自强.现代汉语虚词用法小词典[M].上海:上海辞书出版社,1984.

[228] 王自强.现代汉语虚词词典[M].上海:上海辞书出版社,1998.

[229] 魏艳伶.现代汉语口语中的话语标记"得了"/"得"[J].太原城市职业技术学院学报,2012(8).

[230] 魏在江.预设研究的多维思考[J].外语教学,2003(2).

[231] 温振兴.程度副词"好"及其相关句式的历史考察[J].山西大学学报(哲学社会科学版),2009(5).

[232] 文旭.《语法化》简介[J].当代语言学,1998(3).

[233] 文旭,黄蓓.极性程度副词"极"的主观化[J].外语研究,2008(5).

[234] 吴福祥.重谈"动+了+宾"格式的来源和完成体助词"了"的产生[J].中国语文,1998(6).

[235] 吴福祥.关于语法化的单向性问题[J].当代语言学,2003(4).

[236] 吴福祥.近年来语法化研究的进展[J].外语教学与研究,2004(1).

[237] 吴福祥.试说"X 不比 Y·Z"的语用功能[J].中国语文,2004(3).

[238] 吴福祥.汉语语法化研究的当前课题[J].语言科学,2005(2).

[239] 吴福祥.汉语历史语法研究的目标[J].古汉语研究,2005(2).

[240] 吴福祥.汉语语法化演变的几个类型学特征[J].中国语文,2005(6).

[241] 吴福祥.语法化与汉语历史语法研究[M].合肥:安徽教育出版社,2006.

[242] 吴福祥.语法化的新视野——接触引发的语法化[J].当代语言学,2009(3).

[243] 吴竞存,梁伯枢.现代汉语句法结构与分析[M].北京:语文出版社,1992.

[244] 吴慧.语气词"行了"的话语功能[J].牡丹江教育学院学报,2012(1).

[245] 吴为善.双音化、语法化和韵律词的再分析[J].汉语学习,2003(2).

[246] 武振玉.程度副词"好"的产生与发展[J].吉林大学社会科学学报,2004(2).

[247] 夏征农.辞海[M].上海:上海辞书出版社,1999.

[248] 向明友.汉语语法化研究——从实词虚化到语法化理论[J].汉语学习,2008(5).

[249] 肖治野,沈家煊."了$_2$"的行、知、言三域[J].中国语文,2009(6).

[250] 解惠全.谈实词的虚化[A].语言研究论丛(第4辑)[C].天津:南开大学出版社,1987.

[251] 谢世坚.莎士比亚剧本中话语标记语的汉译[D].北京外国语大学博士学位论文,2008.

[252] 谢世坚.话语标记研究综述[J].山东外语教学,2009(5).

[253] 解亚娜.现代汉语"X 了"组合研究——以"好了"、"算了"等为例[D].上海师范大学硕士学位论文,2013.

[254] 谢质彬.古代汉语反宾为主的句法及外动词的被动用法[J].古汉语研

究,1996(2).

[255] 邢福义.现代汉语[M].北京:高等教育出版社,1991.

[256] 邢福义.汉语复句研究[M].北京:商务印书馆,2001.

[257] 邢志群.汉语动词语法化的机制[A].语言学论丛(第28辑)[C].北京:商务印书馆,2003.

[258] 徐世璇,鲁美艳.土家语动词体标记-I的来源和语法化过程[J].民族语文,2014(6).

[259] 徐怡潇.口语交际中话语标记"X了"研究[D].陕西师范大学硕士学位论文,2014.

[260] 许家金.汉语自然会话中"然后"的话语功能分析[J].外语研究,2009(2).

[261] 许静.法庭话语中话语标记语的顺应性动态研究[J].外语研究,2009(6).

[262] 闫君."坏"的语法化[J].现代语文,2009(6).

[263] 严敏芬.汉语中不礼貌构式的社会与认知研究——以《红楼梦》为例[D].上海外国语大学博士论文,2012.

[264] 杨成虎.语法化理论评述[J].山东师大外国语学院学报,2000(4).

[265] 杨晓黎.汉语词汇发展语素化问题刍议[J].汉语学习,2008(1).

[266] 杨晓黎.传承语素与语素义的传承[J].江淮论坛,2014(1).

[267] 殷树林.也说"完了"[J].世界汉语教学,2011(3).

[268] 殷树林.话语标记的性质特征和定义[J].外语学刊,2012(3).

[269] 余芳."好"的语义研究[D].南京师范大学硕士学位论文,2008.

[270] 于春.汉语话语标记"好了"研究[D].吉林大学硕士学位论文,2013.

[271] 袁钦钦.现代汉语"X了"式话语标记[D].浙江大学硕士学位论文,2014.

[272] 袁毓林.话题化及相关的语法过程[J].中国语文,1996(4).

[273] 詹全旺.英语增强词terribly的主观化——一项基于语料库的研究[J].

外国语,2009(5).

[274] 张斌.现代汉语虚词词典[M].北京:商务印书馆,2001.

[275] 张伯江,方梅.汉语功能语法研究[M].南昌:江西教育出版社,1996.

[276] 张成进.现代汉语双音介词的词汇化与语法化研究[D].安徽大学博士学位论文,2013.

[277] 张定,丁海燕.助动词"好"的语法化及相关词汇化现象[J].语言教学与研究,2009(5).

[278] 张国宪,卢建.助词"了"的再语法化的路径和后果[J].语言科学,2011(4).

[279] 张宏国."够了"的词汇化及话语标记功能研究[J].贵州大学学报(社会科学版),2014(1).

[280] 张宏国."够了"的语义演变与语法化[J].语言教学与研究,2014(4).

[281] 张宏国.话语标记"够了"的语境特征及语用功能[J].安徽大学学报(哲学社会科学版),2015(5).

[282] 张宏国.话语标记"糟了"的使用情况考察[J].河北工业大学报(社会科学版),2016(4).

[283] 张宏国."糟了"的语义演变与语法化[J].汉语学习,2016(6).

[284] 张宏国.反预期话语标记功能研究[J].江淮论坛,2017(3).

[285] 张宏国.话语标记"糟了"的转折语篇研究[J].新疆大学学报(哲学·人文社会科学版),2017(4).

[286] 张宏.构式化与构式化等级[J].安徽大学学报(哲学社会科学版),2020(1).

[287] 张会平,刘永兵.基于语料库的中学英语教师课堂话语标记语研究[J].外语教学与研究,2010(5).

[288] 张娟.中古汉语连动式研究[D].西南交通大学硕士学位论文,2010.

[289] 张娟.国内汉语构式语法研究十年[J].汉语学习,2013(2).

[290] 张龙."好了"的语法化和主观化[J].汉语学习,2012(2).

[291] 张璐璐."行了"的多角度研究[D].湘潭大学硕士学位论文,2013.

[292] 张廷国.话轮及话轮转换的交际技巧[J].外语教学,2003(4).

[293] 张秀松.国外语法化研究中的争论[J].语文研究,2011(1).

[294] 张秀松.疑问语气副词"究竟"向名词"究竟"的去语法化[J].语言科学,2014(4).

[295] 张秀松."毕竟"的词汇化和语法化[J].语言教学与研究,2015(1).

[296] 张谊生.副词的篇章连接功能[J].语言研究,1996(1).

[297] 张谊生.程度副词充当补语的多维考察[J].世界汉语教学,2000(2).

[298] 赵晶.韩礼德与朗布雷克特信息结构理论对比研究[J].中国外语,2014(1).

[299] 赵立江."够"的使用情况初步考察[J].汉语学习,1998(3).

[300] 赵明鸣.突厥语语法化言说动词 ta-的语义功能[J].民族语文,2013(4).

[301] 赵明鸣.维吾尔语动词 yat-"躺"的语法化[J].民族语文,2015(3).

[302] 赵元任.国语语法——中国话的文法[M].台北:学海出版社,1981.

[303] 郑丹,田文霞,张锐.转折关系的预设研究[J].外语学刊,2013(3).

[304] 中国社会科学院语言研究所词典编辑室.现代汉语词典(第6版)[M].北京:商务印书馆,2012.

[305] 周荐.论词汇单位及其长度[J].语言教学与研究,2006(1).

[306] 周树江,王洪强.论话语标记语的语法化机制[J].外语教学,2012(5).

[307] 周小兵."够+形容词"的句式[J].汉语学习,1995(6).

[308] 祖利军.译者主体性视域下的话语标记语的英译研究——以《红楼梦》中的"我想"为例[J].外语教学,2010(3).

后　　记

本书是在我的博士论文基础之上完成的。

首先，我要特别感谢我的博士生导师杨晓黎教授。杨老师在生活中平易近人，和蔼可亲，但在学术上，对我的要求非常严格，从不马虎。在我求学期间，我的课程和博士论文的写作及反复修改过程无不浸透着杨老师的心血。在我毕业之后，杨老师依然关心我的成长。每每回复邮件或者短信时，杨老师最后总不忘提醒我注意休息，而她自己却兢兢业业，常常废寝忘食！

感谢安徽大学文学院黄德宽教授、杨军教授、曹德和教授、徐在国教授、曾良教授和吴早生教授的精彩授课。诸位先生博古通今，知识渊博。从他们那儿，我学到了很多语言学理论和方法，让我获益匪浅。曹德和教授还常常将自己的新作发给我，叫我提提意见，让我受宠若惊！这不仅让我领略到了前辈学人谦虚谨慎的风采，也逐渐提升了我的批判思维和学术思考能力。

感谢我的硕士生导师朱跃教授。朱老师引导我对语言学产生了兴趣。不仅如此，朱老师还参加了我的博士论文开题报告会，并提出了很多极具启发性的建议和意见。感谢曹小云教授、鞠红教授、吴早生教授、詹全旺教授、彭家法博士、时兵博士、刘宗保博士、田立宝博士、李慧敏博士、朱玉斌博士在我的博士论文开题、写作和答辩过程中提供的指导和帮助。感谢北京语言大学施春宏教授在百忙之中抽空来合肥主持我的博士论文答辩。

2014年3月至2015年3月,我在国家留学基金委的资助下,以及在安徽大学人事处和国际合作与交流处的帮助下,远赴美国德州理工大学访学一年。感谢我在国外访学的导师蓝云(William Lan),他不仅通过授课和讨论等方式使我了解了更多的学科前沿理论,还对我的论文研究方法和研究思路提出了具体的建议。也感谢德州理工大学图书馆杨乐博士帮助我查找了很多电子资源和纸质文献。

我还参加了一些学术会议,如2012年10月在山东大学举办的词汇学国际学术会议暨第九届全国汉语词汇学学术研讨会,2013年10月在安徽省黄山市举办的中韩语言文学研究暨安徽省第五届汉语国际教育学术研讨会,2015年10月在安徽大学举办的第十四届全国语用学研讨会暨第八届中国逻辑学会语用学分会年会。在这些会议上,我提交了与本书部分章节相关的论文,并在小组宣读论文。与会专家对我的论文提出了许多宝贵的修改意见,我在此向暨南大学邵敬敏教授、南京大学陈新仁教授、华侨大学侯国金教授、上海海事大学刘国辉教授和安徽师范大学崔达送教授等一并表示感谢。

本书的部分章节已在《语言教学与研究》《汉语学习》《江淮论坛》《贵州大学学报(社会科学版)》《新疆大学学报(哲学·人文社会科学版)》《河北工业大学报(社会科学版)》和《安徽大学学报(哲学社会科学版)》等期刊杂志发表,感谢匿名审稿专家和编辑的宝贵意见!

感谢我所在单位安徽大学外语学院的领导和同事,正是因为他们的关心和帮助,我才能有更多的空间和时间得以顺利地完成学业和学术成长。感谢张成进师兄在我的博士论文和本书的写作过程中给予的无私奉献。我经常向师兄请教一些细节性问题,甚至是一些常识性问题,师兄总能不厌其烦地耐心解释,直到我完全明白为止。也十分感谢原媛师姐,以及张丽红、徐福坤、任士明、王静等同学在生活、学习和工作上给予我的关心和帮助。

感谢复旦大学出版社赵睿编辑为本书的出版尽心尽责。感谢外语学院杨玲教授负责的安徽大学文科创新团队A类项目"信息技术支撑下的汉外对比与翻译研究"提供出版资助。本书亦是安徽省社会科学创新发展研究课题攻关研究项目"皖籍学者语言思想研究"(2019CX049)成果之一。

最后,感谢我的父母和妻儿,因为我常常将大量精力投入学习和工作而忽视对他们的关心和照顾,但正是有了他们在背后不断的理解、支持和鼓励,我才能够有所进步!

张宏国

2020年1月15日

图书在版编目(CIP)数据

现代汉语"X 了"构式研究/张宏国著. —上海：复旦大学出版社，2020.3
ISBN 978-7-309-14886-2

Ⅰ.①现… Ⅱ.①张… Ⅲ.①现代汉语-词汇-研究 Ⅳ.①H136

中国版本图书馆 CIP 数据核字(2020)第 027411 号

现代汉语"X 了"构式研究
张宏国　著
责任编辑/赵　睿

复旦大学出版社有限公司出版发行
上海市国权路 579 号　邮编：200433
网址：fupnet@ fudanpress.com　http://www.fudanpress.com
门市零售：86-21-65642857　团体订购：86-21-65118853
外埠邮购：86-21-65109143
上海崇明裕安印刷厂

开本 890×1240　1/32　印张 8.5　字数 173 千
2020 年 3 月第 1 版第 1 次印刷

ISBN 978-7-309-14886-2/H・2967
定价：58.00 元

如有印装质量问题，请向复旦大学出版社有限公司发行部调换。
版权所有　　侵权必究